Es gibt nichts Gutes,
außer man tut es

Josef Dirnbeck

Es gibt nichts GUTES, außer man tut es *****

999 x christlich leben

Mit einem Vorwort von Bernhard Meuser

Pattloch

Bibliografische Information der Deutschen Bibliothek
Die Deutsche Bibliothek verzeichnet diese Publikation in der Deutschen Nationalbibliografie; detaillierte bibliografische Daten sind im Internet über http://dnb.ddb.de abrufbar.

Umschlag: Büro Lehmacher, Friedberg (Bay.)
Satz und Gestaltung: Hartmut Czauderna, München
Druck und Bindung: GGP Media GmbH, Pößneck
Printed in Germany

ISBN 3-629-02103-4

Bitte besuchen Sie uns im Internet:
www.droemer-knaur.de

5 4 3 2 1

Inhalt

Vorwort

Dieses Buch könnte auch heißen »Simplify your Religion«. Die Welt ist uns zu komplex geworden und auch eine Religion, die aus 2000 Jahren Geschichte, aus einer Fülle von Schriften und einem gigantischen Lehrgebäude besteht, ist kaum mehr vermittelbar. Dieses Buch ist aus einer kühnen Frage heraus entstanden: »Kann man das Ganze des Christentums nicht einfach aus dem ableiten, was man *tun* muss, wenn man ein Christ sein möchte?«

Jesus hat den Menschen seiner Umgebung doch auch keine Dogmen und keine Philosophie vermittelt. Jesus war ganz einfach. Er hat Menschen auf den Kopf zugesagt, was sie tun sollen. Das ganze Neue Testament besteht aus einer Fülle von konkreten Anweisungen Jesu: Tut das! Tut jenes! Paulus und die anderen Briefeschreiber des Neuen Testaments haben es ihrem Meister nur nachgemacht. Sie muteten ihren Leuten keine Lehre zum Auswendiglernen, sondern einen neuen *lifestyle* zu.

Wenn man Christ sein möchte, unterscheidet man sich von anderen Menschen nicht dadurch, dass man andere Ideen im Kopf hat, sondern dass man anders *handelt*. Bevor das Christentum eine *Lehre* ist, ist es eine Praxis. Wer Christ sein oder es werden möchte, muss darum keine Lehrsätze auswendig lernen, sondern er muss damit anfangen, anders zu handeln. Frère Roger Schutz, der Gründer von Taizé, hat jungen Leuten, die ihn danach fragten, wie man denn einsteigen könne ins Christsein, folgende interessante Antwort gegeben: »Nimm dir einfach irgendeinen Satz aus der Bibel und lebe diesen einen Satz, mehr nicht. Du wirst sehen, dass dieser Satz dein ganzes Leben verändert – und alles andere folgt.«

Das vorliegende Buch ist die denkbar praktischste Umsetzung des Christseins. Es besteht nicht *auch*, sondern *nur* aus Rezepten. Nicht jede Empfehlung passt für jedermann. Manches passt auf junge Menschen, die einen Einstieg in den Glauben suchen. Anderes passt für ältere Menschen, die sich vielleicht schon seit Jahrzehnten darum bemühen, ein gläubiges Leben zu führen. Einiges passt für Singles, anderes für Menschen, die in einer Beziehung leben oder eine Familie haben. Aber alle diese Empfehlungen haben einen Bezug zum Glauben und sind in der Heiligen Schrift verankert. Jedes Kapitel des Buches wird eingeleitet durch »Rezepte«, die sich direkt aus Handlungsanweisungen Jesu oder aus unmittelbar umsetzbaren Schriftworten ergeben. Dann folgt ein freierer Teil – gewissermaßen fantasievolle, subjektive Fingerübungen im Christsein – unter dem Motto: *So könnte es konkret gehen.* Sie sollen den Leser anregen, selbst kreativ zu werden und eigene Umsetzungsmöglichkeiten des Christlichen zu entdecken. Diese Tipps sind bewusst »anstößig« – das Konkrete ist immer anstößig.

Und nun viel Glück bei der Umsetzung der Botschaft Jesu. Denn es nützt nichts, gute Ideen zu haben und ganz genau zu wissen, was eigentlich getan werden müsste. Das Gute gibt es nur dann, wenn es auch getan wird. Und nicht vergessen: Eine einzige realisierte Handlungsanweisung Jesu kann der Einstieg in ein neues, spannenderes Leben und im Übrigen »der Beginn einer wunderbaren Freundschaft« sein.

Bernhard Meuser

P.S.: Beinahe hätte ich vergessen, Ihnen zu sagen, wie Sie das Buch nutzen sollten. Lesen Sie es bloß nicht von vorn bis hinten. Nehmen Sie am besten immer nur eine Anregung heraus, die zu Ihnen passt. Und machen Sie etwas damit!

1. Wachen Sie auf, werden Sie sensibel!

SEIEN SIE WACHSAM UND NÜCHTERN!

Seien Sie hellwach! Die Wirklichkeit ist größer und wunderbarer, als wir sie mit unseren beschränkten Augen sehen können. Verlieren Sie sich nicht in mystische Spekulationen. Bleiben Sie an der Wirklichkeit, aber rechnen Sie mit einer Tiefe, die ins Unendliche hinabreicht. Was Gott verlangt, ist nüchterne, alles ins Kalkül ziehende Aufmerksamkeit – nicht abgehobenes Spintisieren.

So lasst uns also nicht schlafen wie die übrigen, sondern wachsam und nüchtern sein. (Erster Brief an die Thessalonicher 5,6)

LEBEN SIE DEN AUGENBLICK!

Nehmen Sie diesen Augenblick, in dem Sie sich gerade befinden, und rufen Sie sich ins Bewusstsein, dass Sie unmittelbar vor Gott stehen! Gott ist Ihnen näher, als Sie sich selbst sein können.

Und dabei sollt ihr am Stand der Zeit erkennen, dass die Stunde schon da ist, um vom Schlaf aufzustehen. Denn jetzt ist unser Heil näher als damals, da wir gläubig wurden. (Brief an die Römer 13,11)

IN GROSSER ERWARTUNG SEIN

Rechnen Sie in jeder Minute damit, dass Gott da ist! Bedenken Sie: Gott ist keine Handbreit von Ihnen entfernt. Der heilige Augustinus sagte sogar einmal: Gott ist uns näher, als wir selbst uns sind. Wenn wir bei uns wären, wären wir bei Gott.

Eure Lenden sollen umgürtet sein und eure Lampen brennend. Ihr sollt sein wie Menschen, die auf ihren Herrn warten, wenn er von der Hochzeit heimkommt, damit sie ihm, wenn er kommt und anklopft, sogleich öffnen. (Evangelium nach Lukas 12,35–36)

STAUNEN SIE WIE EIN KIND!

Betrachten Sie heute die Welt mit den staunenden Augen eines Kindes und sagen Sie sich: »Wie gut, dass es einen gibt, der mich mag, wie ich bin!« Gehen Sie mit großer Erwartung, mit Neugier darauf, wohin Gott Sie führt, in den Tag!

Wer das Gottesreich nicht annimmt wie ein Kind, wird nicht hineinkommen. (Evangelium nach Lukas 18,17)

VERBREITEN SIE FREUDE!

Entwickeln Sie eine Strategie der Freude. Verbreiten Sie eine gute Stimmung in Ihrem Umfeld, lachen Sie den Menschen, denen Sie heute begegnen, mal wieder ins Gesicht. Kinder lachen 400-mal am Tag, Erwachsene bloß 15-mal.

Wenn man lacht, werden 18 Gesichtsmuskeln angespannt, wird das Stresshormon Adrenalin ab- und werden Endorphine (Glückshormone) aufgebaut. Sie haben allen Grund zur Freude: Gott liebt Sie; er hat Sie erlöst; Sie gehen ihm entgegen.

Freut euch allezeit. (Erster Brief an die Thessalonicher 5,16)

ANDERS HERUM

Denken Sie daran, dass die Mehrzahl der Sünden nicht durch das Tun des Bösen entsteht, sondern durch Zuschauen und Nicht-Tun des Guten! Manche Keuschen sündigen mehr durch ihren Mangel an schenkender Liebe als durch ihre heroischen Niederlagen in der Versuchung.

Wer das Gute tun kann und es nicht tut, der sündigt. (Brief des Jakobus 4,17)

HALTEN SIE FEST AN DER LIEBE!

Lassen Sie sich durch negative Erfahrungen nicht von Ihrem roten Faden abbringen. Durch den Glauben wissen Sie, dass Gott Sie mit unendlicher Liebe anschaut und dass er Sie für immer glücklich machen möchte. Haben Sie Geduld, bis wieder die Sonne scheint – und lernen Sie Ihre negativen Erfahrungen auf dem Hintergrund Ihres Glaubens zu lesen.

Haltet fest an der Liebe Gottes und wartet auf das Erbarmen Jesu Christi, unseres Herrn, der euch das ewige Leben schenkt. (Brief des Judas 21)

ZAHLEN SIE MIT GLEICHER MÜNZE ZURÜCK!

Entwickeln Sie eine konkrete Fantasie, wie Sie heute durch eine freundliche Initiative den ersten Schritt auf andere Menschen zu machen könnten! Überlegen Sie sich, wen Sie sehen, wer Ihnen über den Weg laufen wird, an welchen Orten Sie sich aufhalten. Wen übersehen Sie immer? Wem befehlen Sie nur? Wen lassen Sie nie ausreden? Wem haben Sie noch nie zugehört?

Wie ihr wollt, dass euch die Menschen tun, so sollt auch ihr ihnen tun. (Evangelium nach Lukas 6,31)

BEWEISEN SIE GEDULD!

Geben Sie nicht auf, wenn Sie jeden Tag dieselben Fehler begehen und scheinbar keinen Schritt vorankommen. Gott zählt nicht Ihre positiven Ergebnisse; er achtet auch die Demut, mit der Sie Ihre Niederlagen eingestehen. Nicht Ihre Kraft wird Sie heilen, sondern Ihr Langstrecken-Vertrauen auf Gott.

Ihr braucht Geduld, um in der Erfüllung des Willens Gottes die Verheißung zu erlangen. (Brief an die Hebräer 10,36)

LAUFEN SIE NICHT JEDEM NACH!

Hüten Sie sich vor Gurus und Positivdenkern, die Ihnen nach dem Mund reden, es im Grunde genommen aber nur auf Ihren Geldbeutel abgesehen haben. Lassen Sie sich nicht vor den falschen Karren spannen! Die Kirche erscheint vielen Menschen heute als sperrig, ihre Botschaft als unmodern. Man kann es aber auch beruhigend finden, dass wenigstens die Kirche dem Zeitgeist nicht nach dem Mund redet.

Hütet euch vor den falschen Propheten, die in Schafskleidern zu euch kommen, inwendig aber reißende Wölfe sind. (Evangelium nach Matthäus 7,15) ... Seht zu, dass ihr nicht verführt werdet. Denn viele werden unter meinem Namen auftreten und sagen: »Ich bin es.« und: »Die Zeit ist gekommen.« – Lauft ihnen nicht nach. (Evangelium nach Lukas 21,8)

FANGEN SIE BEI SICH AN!

Geben Sie keine Erziehungstipps, wenn Sie selbst permanent bei Ihren Kindern ausrasten! Reden Sie nicht von »Chaos«, wenn Sie selbst kaum Ordnung halten können. Seien Sie sich bewusst, dass Ihnen am meisten die Fehler in die Augen stechen, die Ihnen selbst nicht fremd sind. Machen Sie es sich zur Angewohnheit, keine Lebensregeln aufzustellen, wenn sie nicht auch für Sie gelten.

Zieh zuerst den Balken aus deinem Auge, und danach sieh, wie du den Splitter aus deines Bruders Auge ziehest. (Evangelium nach Matthäus 7,5)

DER NÜCHTERNE BLICK

Richten Sie in Ihrem Tagesablauf eine Minute zur Selbstkritik ein (aber auch nicht mehr – früher hat man es nämlich übertrieben mit der Gewissenserforschung). Fragen Sie sich, ob Sie noch an Ihrem roten Faden sind, ob Sie heute Gott gesucht haben (oder was Ihnen wichtiger war als der Wichtigste), ob Sie Menschen in Ihrer Nähe verletzt oder unterdrückt haben, ob Sie Gutes hätten tun können, wozu Sie zu schwach waren. Träumen Sie sich nicht in mystische Höhen fort. Jetzt verlangt Gott nur den nüchternen Blick auf die Wirklichkeit und höchste Wachsamkeit, denn in dieser Ihrer ganz konkreten Wirklichkeit kommt Ihnen Gott entgegen.

Seid nüchtern und wachet. Denn euer Widersacher, der Teufel, geht umher wie ein brüllender Löwe und sucht, wen er verschlingen könne. (Erster Brief des Petrus 5,8)

KEINE SHOW MACHEN

Leben Sie einzig und allein aus Ihrem Gewissen heraus, aber achten Sie darauf, dass Sie keine »Show« machen und andere leichtfertig provozieren! In der größten Verantwortung stehen wir gegenüber Kindern. Versuchen Sie vor allem, ihnen kein Ärgernis zu geben.

Gebt nicht Ärgernis, weder Juden noch Hellenen, noch der Gemeinde Gottes. (Erster Brief an die Korinther 10,32)

GROSSREINEMACHEN

Machen Sie seelischen Frühjahrsputz! Ziehen Sie Bilanz: Wie weit sind Sie in Ihren Versuchen, ein Christ zu sein, schon gekommen? Was sind die konkreten Maßnahmen, mit denen Sie das Feuer wieder entzünden könnten? Vielleicht sollten Sie wieder einmal Exerzitien machen?

Fegt aus den alten Sauerteig, damit ihr ein neuer Teig seid. Lasst uns also Festtag halten nicht mit dem Sauerteig der Bosheit und der Schlechtigkeit, sondern mit dem Ungesäuerten der Lauterkeit und Wahrheit. (Erster Brief an die Korinther 5,7–8)

SPIELEN SIE NICHT DEN RICHTER!

Gewöhnen Sie sich den Satz »Ich will ja nichts Schlechtes über xy sagen, aber ...« ab. Streichen Sie ihn ganz aus Ihrem Wortschatz. Sie sind nicht der Richter; Sie stehen nicht auf der anderen Seite, auf der Seite der Besseren. Jedes Wort, das Sie unbedacht über andere sagen, trifft Sie – als Angeklagten. Schon in Psalm 50 heißt es: »Meine Sünde steht mir immer vor Augen.« Darum: Zeigen Sie nicht mit dem Finger auf andere.

Wer von euch ohne Sünde ist, werfe als Erster einen Stein auf sie. (Evangelium nach Johannes 8,7)

RECHNEN SIE MIT GOTT!

Bauen Sie besser nicht darauf, dass Sie die besten Noten haben, dass Sie ein toller Hecht sind, dass Sie es »draufhaben«, dass Sie über blendende Beziehungen verfügen. Das alles kann Ihnen aus der Hand geschlagen werden, und Sie stehen ziemlich arm da. Dann können Sie es noch auf das Pech oder das Schicksal schieben. Oder Sie könnten eine Rechnung mit Gott aufmachen, könnten entdecken, wie tief Sie sich ihm und seiner Gnade verdanken in allem, was Sie tun. Rechnen Sie mit Gott und damit, dass er mit Ihnen ist und Ihre Sache (sofern sie gut ist in seinen Augen) zu einem guten Ende führt!

Umgürtet die Lenden eurer Gesinnung, seid nüchtern und setzt eure ganze Hoffnung auf die Gnade, die euch dargereicht wird beim Offenbarwerden Jesu Christi. (Erster Brief des Petrus 1,13)

AUF AUGENHÖHE MIT KINDERN

Übersehen Sie Kinder nicht und übergehen Sie Kinder nicht! Begeben Sie sich auf Augenhöhe mit ihnen. Hören Sie ihnen zu! Planen Sie Zeit für sie ein! Kinder haben eine göttliche Botschaft für Sie: Wer ihnen selbstlos nahe ist, ihnen richtig verstanden dient, ist Gott nahe.

Wer eines dieser Kinder in meinem Namen aufnimmt, der nimmt mich auf; und wer mich aufnimmt, der nimmt nicht mich auf, sondern den, der mich gesandt hat. (Evangelium nach Markus 9,37)

WUNDER SIND MÖGLICH

Rechnen Sie mit allem, wenn Sie in die Nähe Gottes kommen! Dass Gebete in Erfüllung gehen, dass Wunder geschehen, dass Menschen sich fundamental verändern, dass es Propheten und Mystiker gibt, die aus tiefer Verbindung mit Gott heraus wissen, wo es langgeht. Nehmen Sie Ihren begrenzten Horizont um Gottes willen nicht für das Ganze des christlichen Glaubens!

Verachtet nicht prophetisches Reden. (Erster Brief an die Thessalonicher 5,20)

VORSICHT VERSUCHUNG!

Seien Sie auf Rückschläge gefasst! Denken Sie nie, Sie würden Ihr Christsein »beherrschen«! Christen sind permanente Anfänger im Glauben und beginnen jeden Morgen neu damit, ihr ganzes Vertrauen auf Gott zu werfen und ihn an jedem Tag neu zu suchen.

Wachet und betet, damit ihr nicht in Versuchung fallet. (Evangelium nach Markus 14,38)

KRAFT FÜR DEN ENDSPURT

Sie sind jede Minute Christ! Lassen Sie nicht locker! Lassen Sie sich nicht hängen! Manchmal kommt es auf die letzten Meter an! Sie wissen doch, dass die meisten Projekte nicht an den 90 % scheitern, in denen beharrlich gearbeitet wurde, sondern an den 10 % mit denen das Projekt abzuschließen und zu einem schönen, runden Erfolg zu führen wäre?

Seid beharrlich bis zur Ankunft des Herrn. (Brief des Jakobus 5,7)

GEWOHNHEITSSACHE

Machen Sie sich das Gute einfach zur Gewohnheit. Wenn Sie einmal im Advent gespendet haben, spenden Sie immer im Advent. Wenn Sie mittwochs einen Besuch im Altenheim gemacht haben, gehen Sie jeden Mittwoch da hin. Und deinstallieren Sie konsequent Ihre schlimmen Verhaltensmuster – Ihre Ausbrüche von Jähzorn, Ihre üble Nachrede, Ihr Wegschauen, Ihre Verweigerung der Mitarbeit an einer guten Sache.

Verabscheut das Böse, haltet fest am Guten. (Brief an die Römer 12,9)

AUS ERFAHRUNG: GÜTE

Strahlen Sie Güte aus, die von innen kommt! Aufgesetzte Güte ist eine unter Christen weit verbreitete Lüge. Bevor Sie Güte predigen, müssen Sie sich in Meditation und Gebet tief eingelassen haben auf die Erfahrung eines Gottes, der Sie rückhaltlos und ohne jede Vorbedingung annimmt.

Eure Güte werde allen Menschen kund, denn der Herr ist nahe. (Brief an die Philipper 4,5)

SUCHEN SIE DIE NÄHE GOTTES!

Suchen Sie Gott mit allen Gaben, die Sie haben: mit Ihrer Fantasie, Ihrem Denkvermögen, Ihrer psychischen Kraft! Nehmen Sie sich vor allem Zeit für das Gebet! Gehen Sie an keiner Kirche vorüber, ohne sich fünf Minuten in die Stille zu vergraben! Gott wird Sie glücklich machen durch Zeichen seiner Nähe und Freundschaft! Sie werden strahlen – und andere werden Sie fragen, woher Sie das haben.

Naht euch Gott, und er wird sich euch nahen. (Brief des Jakobus 4,8)

PROBIEREN SIE ES WENIGSTENS!

Versöhnung muss Ihnen nicht gelingen, denn dazu gehören immer zwei. Aber versuchen müssen Sie es. Machen Sie den ersten Schritt; gehen Sie auf den anderen zu – ganz offen, auch wenn Sie genau zu wissen glauben, dass es keinen Sinn hat. Gott schaut auf Ihr versöhntes Herz – nicht darauf, was noch alles zwischen Ihnen und Ihrem menschlichen Widersacher stehen mag.

Wenn du deine Gabe zum Altare bringst und dich dort erinnerst, dass dein Bruder etwas gegen dich hat, so lass deine Gabe dort vor dem Altar und gehe zuerst hin und versöhne dich mit deinem Bruder und dann komm und opfere deine Gabe. (Evangelium nach Matthäus 5,23–24)

LEIDER IMMER WIEDER

Wiegen Sie sich nicht in falscher Sicherheit! Sie haben gesündigt und werden sündigen, immer wieder. Und wer sich darüber erhaben glaubt, wird nur umso tiefer fallen. Übrigens rechnet Gott mit unserer permanenten Schwäche. In Jesus Christus ist er selbst in das Menschliche eingetaucht. Nichts Menschliches ist ihm fremd.

Wer also meint, er stehe, der sehe zu, dass er nicht falle. (Erster Brief an die Korinther 10,12)

AUF DIE WÜRDE ACHTEN

Achten Sie darauf, dass Sie allen Menschen mit Respekt begegnen. Jeder Mensch hat eine Würde, die von Gott kommt. Denken Sie immer daran, dass Gott jedem Menschen mit exklusiver, leidenschaftlicher Liebe zugetan ist.

Ehret alle, liebt die Brüder, fürchtet Gott, ehrt den König. (Erster Brief des Petrus 2,17)

Blicken Sie in den Spiegel. Wenn Sie das nächste Mal mit Geschäftsfreunden zu einem Essen gehen und die Toilette besuchen, schauen Sie, bevor Sie zu Ihren Gästen zurückkehren, einmal etwas anders in den Spiegel: Erkennen Sie sich noch wieder? Sind Sie der Mensch, als der Sie Gott haben will. Oder gehen Sie ganz in Ihrer »offiziellen« Maske, in Ihrer Rolle auf? Könnten Sie nicht beispielsweise ein Lächeln aufsetzen? Müssten Sie nicht wieder einmal ausspannen und zu sich finden?

*

Bringen Sie den Sinn Ihres Lebens auf den Punkt. Nehmen Sie sich Zeit zu innerer Einkehr und beginnen Sie mit folgender Übung. Formulieren Sie die Botschaft Ihres Lebens. Stellen Sie sich vor, Sie stünden am Ende Ihres Lebens und möchten nun, ehe Sie sterben, einem Ihnen nahe stehenden Menschen mitteilen, was für Sie wichtig war. Schreiben Sie einen Brief, in dem Sie festhalten, zu welchen Einsichten Sie gekommen sind, was für Erfahrungen Sie gemacht haben. Nennen Sie die Dinge beim Namen, die Sie glücklich gemacht haben. Erwähnen Sie Ihre Leistungen, auf die Sie stolz sein durften. Notieren Sie aber auch, was Sie durchmachen mussten und was Sie alles zu erleiden hatten.

*

Sprechen Sie Kündigungen aus. Stellen Sie fest, wie viele ungebetene Untermieter in den Wohnungen Ihrer Seele hausen: fatale Neigungen, Suchtpotenziale, die Anlage zum Jähzorn und zur Gewalt. Überlegen Sie, wie Sie die am besten loswerden und wie Sie ihnen der Reihe nach kündigen. Stellen Sie sich Ihren dunklen Seiten. Wenn Ihnen ein Psychologe dabei helfen kann, ist ein Psychologe gut – wenn es ein Priester sein sollte, nehmen Sie einen Priester. Und manchesmal hilft es schon, wenn Sie einem guten Freund Einblick in Ihre kleinen oder großen seelischen Abgründe gewähren. Wenn der Psychologe, der Priester und der Freund gut sind, dann wird es keinen schockieren, was hinter Ihrer Stirn los ist. Sie werden Sie liebevoll annehmen und Ihnen helfen, damit es in Ihrer Seele licht wird.

✶

Betrachten Sie die Wolken. Lassen Sie Ihr Auge auf den Wolken verweilen. Vergegenwärtigen Sie sich, dass es sich hierbei um Wasser handelt, das durch die Kraft der Sonne in Form von Luftfeuchtigkeit emporgestiegen ist und in Form von Regen oder Schnee wieder zur Erde zurückkehren wird, wie es dies schon Millionen und Milliarden Male getan hat. Staunen Sie über die einmalige und unwiederbringliche Schönheit dieser flüchtigen Gebilde.

✶

Engagieren Sie sich rechtzeitig. Verschließen Sie nicht die Augen, wenn Sie bemerken, dass Ihr Partner, Ihr Kind, ein Jugendlicher aus seiner Clique oder ein Arbeitskollege Anzeichen von Drogenabhängigkeit erkennen lässt. Teilen Sie Ihre Beobachtungen mit jemandem, der die Anzeichen besser deuten kann und mehr davon versteht als Sie. Engagieren Sie sich rechtzeitig, damit der Mensch nicht in ein Stadium gerät, in dem weder irgendwelche Präventivmaßnahmen noch gut ausgetüftelte Therapieprogramme mehr helfen.

✶

Machen Sie sich zu bestimmten Zeiten von der Technik frei. Gönnen Sie sich einmal in der Woche eine »technikfreie Stunde«. Machen Sie Ihren PC aus. Schreiben Sie einen Brief mit der Hand. Heben Sie kein Telefon ab. Schalten Sie eine halbe Stunde vor dem Schlafengehen kein elektrisches Licht ein. Wenn Sie Licht brauchen, verwenden Sie Kerzenlicht. Wir leben so entfremdet von natürlichen Vollzügen, von den Rhythmen der Natur, dass wir dringend wieder mehr Fühlung brauchen.

✶

Lächeln Sie ein Kind an. Lächeln Sie mal wieder in einen Kinderwagen hinein. Freuen Sie sich an dem kleinen Menschlein und freuen Sie sich, wenn das Kind zurücklächelt.

✶

Besuchen Sie ein Museum. Sehen Sie sich nicht wahllos alles und jedes an. Verschaffen Sie sich zunächst einen Überblick und suchen Sie sich dann einen Bereich, dem Sie Ihre besondere Aufmerksamkeit widmen. Informieren Sie sich über den historischen Hintergrund des Gezeigten, suchen Sie aber auch einen intuitiven Zugang zu den ausgestellten Objekten. Lassen Sie die Gegenstände aus einer längst vergangenen Zeit als Zeugnisse eines gelebten Lebens auf sich wirken und sich von ihnen ansprechen.

✶

Seien Sie kein Griesgram. Entwerten Sie das Gute, das Sie tun, nicht dadurch, dass Sie es wie ein Galeerensklave tun. Lassen Sie etwas von der Begeisterung spüren, die Sie antreibt. Denken Sie an den Spruch: Wer an seinem Beruf keine Freude hat, ist definitiv im falschen Job.

✶

Lassen Sie sich Lebenshilfe geben. Verzweifeln Sie nicht, wenn Sie Probleme haben, die Sie nicht lösen können. Nehmen Sie Hilfe in Anspruch. Es muss nicht immer gleich professionelle Hilfe sein. Möglicherweise kann Ihnen ein kleiner Hinweis Ihrer Nachbarin eine größere Hilfe sein als stundenlange Gespräche mit einem Psychiater. Auch ist keineswegs alles oberflächlich und unseriös, was in Illustrierten zu lesen steht. Das Problem ist nur: die Ratschläge zu einem besseren Leben können Ihnen nur helfen, wenn Sie sie befolgen. Befolgen Sie sie.

✶

Bleiben Sie Ihren Grundsätzen treu. Um dies tun zu können, müssen Sie sich zuerst einmal darüber klar werden, was eigentlich Ihre »Grundsätze« sind. Nehmen Sie sich Zeit, um darüber nachzudenken, nach welchen Grundsätzen Sie Ihr Leben ausrichten. Formulieren Sie die fünf wichtigsten. Von Gandhi gibt es beispielsweise die fünf folgenden Vorsätze: »Ich will bei der Wahrheit bleiben. Ich will mich keiner Ungerechtigkeit beugen. Ich will frei sein von Furcht. Ich will keine Gewalt anwenden. Ich will in jedem zuerst das Gute sehen.«

✶

Übertreiben Sie die Höflichkeit nicht. Sie haben den Gast schon zweimal gefragt, ob er noch ein zweites Stück von der Obsttorte haben möchte. Ihr Gast hat bereits zweimal dankend abgelehnt. Nehmen Sie seine Willensbekundung ernst und lassen Sie ihm seinen Willen. Ersparen Sie ihm – und Ihnen – die Beschämung, noch ein drittes Mal ablehnen zu müssen oder aus lauter Verzweiflung einen Ernährungsfehler zu begehen, den er nach Kräften vermeiden wollte.

✶

Beantworten Sie Kinderfragen. Seien Sie sich nicht zu gut dazu, auf Fragen von Kindern zu antworten. Wimmeln Sie sie nicht ab, auch wenn es unsinnige Fragen sind. Sagen

Sie nicht: »Frag nicht so dumm«, sondern gehen Sie auf die Frage des Kindes ein. Sie müssen keineswegs besonders geistreich antworten oder eine erschöpfende Darlegung des angeschnittenen Problems geben. Wichtiger als der Inhalt Ihrer Antwort ist es, dass Sie dem Kind zu verstehen geben: »Du bist für mich wertvoll und ich nehme dich ernst.« Sprechen Sie nicht abstrakt, sondern erzählen Sie eine Geschichte. Objektivieren Sie nicht, sondern sprechen Sie von sich und von dem, was Sie erlebt haben.

*

Kontrollieren Sie Ihre Fortschritte. Halten Sie Rückschau auf das letzte Jahr. Vergleichen Sie Ihre derzeitige Situation mit der Situation, in der Sie sich vor zwölf Monaten befunden haben. Erinnern Sie sich an die Ziele und Pläne, die Sie damals gehabt haben, und überprüfen Sie, wie viel Sie davon verwirklicht haben. Finden Sie heraus, welche Chancen es gab, die Sie nicht gut genug genutzt haben. Legen Sie gute Vorsätze grundsätzlich schriftlich nieder.

*

Seien Sie dankbar für Freundlichkeit. Sie haben ein Papiergeschäft betreten, um ein Schreibgerät zu kaufen. Sie wussten gar nicht, wie groß die Auswahl ist und auf was man beim Kauf alles achten sollte. Die Verkäuferin hat Sie zuvorkommend bedient und bestens beraten. Betrachten Sie das nicht als eine Selbstverständlichkeit. Bedanken Sie sich bei der Verkäuferin.

*

Seien Sie ein Wegweiser. Tragen Sie durch Ihr Verhalten nicht zur allgemeinen Ratlosigkeit bei, sondern leben Sie so, dass man Ihren Handlungen ablesen kann, dass es in

Ihrem Leben einen festen Grund gibt, der Sie trägt. Schweigen Sie nicht, wenn in Ihrer Gegenwart über Ausländer geschimpft wird oder Pauschalurteile über die sündigen Seiten der Kirche gefällt werden. Sagen Sie: »Ich weiß, dass viele so denken wie Sie. Aber ich sehe die Dinge anders.«

✶

Machen Sie sich keine Illusionen. Gestatten Sie es sich nicht, eine unangenehme Wahrheit einfach nicht zur Kenntnis zu nehmen. Betrachten Sie die Dinge, wie sie sind. Nehmen Sie die Wirklichkeit in ihrer ganzen schmerzlichen Wucht an. Hüten Sie sich vor geistiger Blindheit. Halten Sie die Augen offen. Seien Sie sehend. Finden Sie Worte für Ihre Wirklichkeit und sagen Sie diese Worte einem vertrauten Menschen. Erst wenn Sie die volle Wahrheit anerkennen, kehren Sie die Richtung um, kann Neues entstehen. Machen Sie es anders als die zu Fall gekommenen Diktatoren, die sich durch Mauern abschirmten, auf gefälschte Statistiken vertrauten und sich von bestellten Jubeldemonstrationen täuschen ließen.

✶

Nennen Sie die Dinge beim Namen. Legen Sie ruhig und mit einem kleinen Lächeln die Hand auf den Bierkrug, wenn Sie sehen, dass jemand aus Ihrem Kreis im Begriff ist, sich ein »Souvenir« beim Firmenfest zu organisieren; sagen Sie, dass Sie das für keine besonders gute Idee halten: »Lass das mal besser hier!« Sagen Sie dem Spaßvogel, dass es sich um keinen Scherz, sondern um Diebstahl handelt, wenn er das Tringefäß »mitgehen« lässt. Riskieren Sie, dass er Sie dafür beschimpft und Ihnen vorwirft, Sie hätten keinen Humor.

Schlagen Sie nicht im Lexikon nach, fragen Sie einen kundigen Menschen. Sie benötigen eine spezielle Information auf einem Fachgebiet, das nicht das Ihre ist. Sie könnten in eine öffentliche Bücherei gehen und in einem Fachlexikon nachschlagen. Sie könnten im Internet surfen und sich die gewünschte Information direkt auf den PC holen. Machen Sie's anders. Rufen Sie Ihren alten Lehrer an, von dem Sie wissen, dass er es Ihnen wie aus der Pistole geschossen sagen kann. Nehmen Sie die Gelegenheit zum Anlass, sich wieder einmal nach seinem Befinden zu erkundigen. Sie treffen so zwei Fliegen mit einem Schlag. Sie holen sich die gewünschte Information und Sie holen jemanden aus seiner Einsamkeit heraus.

✶

Bieten Sie dem ganz normalen Wahnsinn an den Schulen die Stirn. Sehen Sie nicht tatenlos zu, wenn Sie Anzeichen von wachsender Gewalt an den Schulen bemerken. Nehmen Sie die Akte von Vandalismus, Mobbing und brutaler Gewalt, die Ihnen bekannt sind oder von denen Sie mittelbar oder unmittelbar betroffen werden, nicht achselzuckend zur Kenntnis. Unterstützen Sie die Lehrer und die Verantwortlichen in den Schulbehörden bei ihren Bemühungen um Gewaltprävention. Befürworten Sie den Einsatz speziell ausgebildeter Schüler, die als Mediatoren und Streitschlichter in Konfliktsituationen vermitteln können. Melden Sie sich, falls Sie Schüler sind, selber zu einem solchen Kurs an.

✶

Warten Sie nicht, bis es zu spät ist. Sagen Sie nie: »Da kann man nichts machen – da hilft nur noch Beten.« Beten ist etwas in sich Sinnvolles und sollte nicht bloß der letzte Ausweg sein, wenn nichts mehr geht. Außerdem ist vieles gar nicht so unabänderlich, wie Sie meinen. Auch Krisen in der Ehe fallen nicht einfach vom Himmel. Die Mauer zwischen Mann und Frau wird tagtäglich durch winzige Steinchen errichtet. Seien Sie daher beizeiten wachsam, solange Sie noch etwas tun können. Denn wenn Sie es versäumen, hilft auch Beten nicht mehr. Nicht einmal der allmächtige Gott könnte es ungeschehen machen, dass Sie nicht gegengesteuert haben und Tag für Tag immer mehr dem Schlendrian verfallen sind.

✶

Lassen Sie sich überraschen. Denken Sie nach, wie oft Sie es schon erlebt haben – vielleicht auch an Ihnen selber: Es gibt Menschen, die kann man einfach mit nichts überraschen. Da hat sich der Sohn des Nachbarn in ein finanzielles Debakel hineinmanövrieren lassen, oder die Tochter des Bürgermeisters hat ein uneheliches Kind bekommen, und dann heißt es jedes Mal: »Das habe ich schon immer gewusst!« Auch und ganz besonders was die Dinge des Glaubens betrifft, ist die Ansicht weit verbreitet, dass der Gläubige eigentlich immer schon alles gewusst hat oder hätte wissen müssen – ganz so, als hätte einer, der brav seinen Katechismus gelernt hat, für sämtliche Situationen die passende Antwort in der Tasche. Machen Sie sich frei von solchen Zwangsvorstellungen. Lassen Sie sich von der Bibel zeigen, dass die Überraschung eine der wichtigsten religiösen Erfahrungen ist. Denken Sie an die Emmausjünger, denen erst beim gemeinsamen Essen die Augen aufgehen, oder an die Gerechten beim Weltgericht, die ganz überrascht sind, weil sie nicht geahnt haben, dass sie im durstigen und hungrigen Bettler ihrem

Herrn und Meister begegnet sind. Nehmen Sie sich vor, den Satz »Das habe ich schon immer gewusst« nur noch dann zu sagen, wenn er tatsächlich zutrifft.

✶

Machen Sie andere auf eine gute TV-Sendung aufmerksam. Denken Sie, wenn Sie das Angebot der TV-Sender studieren, auch an andere. Machen Sie Ihre Nachbarin auf eine interessante Dokumentation aufmerksam, die sie sonst vielleicht übersehen würde.

✶

Leben Sie drei Tage lang bedürfnislos. Leisten Sie sich den Luxus, einmal ein Leben ohne jeden Luxus zu führen. Leben Sie drei Tage lang so, wie ein Armer tagtäglich leben muss. Kommen Sie mit dem Existenzmininum aus. Verzichten Sie auf die Annehmlichkeiten, die Ihnen die Zivilisation bietet. Unternehmen Sie nichts, was Geld kostet.

✶

Sagen Sie den Gastgebern Bescheid. Freuen Sie sich darüber, wenn Sie eine Einladung zu einer größeren Gesellschaft – etwa zu einer Geburtstagsparty oder einem Sommerfest – erhalten haben. Aber lassen Sie Ihre Gastgeber nicht bis zum letzten Moment im Ungewissen darüber, ob Sie der Einladung Folge leisten werden oder nicht. Denken Sie nicht: »Es wird schon noch irgendwo Platz für mich sein«. Sagen Sie Ihr Kommen verbindlich zu.

✶

Seien Sie nicht blind und taub für die Not anderer. Bleiben Sie nicht an der Oberfläche haften, wenn Sie mit einem Menschen über Alltagsprobleme sprechen. Seien Sie auch beim Smalltalk hellhörig, wenn Ihr Gesprächspartner zu erkennen gibt, dass ihn irgendwo der Schuh drückt. Finden Sie heraus, ob Sie in dieser ganz bestimmten Notlage irgendwie helfen können, egal ob es sich um ein seelisches oder um ein materielles Problem handelt. Manchmal genügt einfaches Zuhören, ein verständnisvolles Wort oder eine Aufmunterung, um dem anderen aus dem Tief zu helfen, in dem er sich befindet. Manchmal muss mehr sein.

✶

Verbringen Sie ein Wochenende in den Bergen. Unternehmen Sie ausgiebige Wanderungen. Lassen Sie sich durch die körperlichen Übungen, die Ihnen gut tun werden, auch seelisch erneuern. Finden Sie durch das Wandern zu mehr Gelassenheit und Ruhe.

✶

Freuen Sie sich an einem Stück Holz. Schauen Sie es sich in Ruhe an. Versuchen Sie herauszufinden, was Ihnen dieses Stück Holz vom Innenleben des Baumes verrät, dem es entstammt. Lassen Sie sich von dem Holz zeigen, wie sich das Leben in wachsenden Ringen entfaltet, die sich ineinander fügen und zu einem geschlossenen Ganzen runden.

✶

Lassen Sie dem Anderen Zeit. Werden Sie nicht gleich ungeduldig, wenn sich jemand unbeholfen anstellt. Ertragen Sie es, dass er länger braucht als Sie, besonders wenn er alt, behindert oder noch ein Kind ist. Greifen Sie nur ein, wenn es unbedingt notwendig ist und wenn auch der Andere davon überzeugt ist, dass es ohne Sie nicht geht und dass die Aktion ohne Ihr Eingreifen nicht gelingen würde.

Treten Sie nicht ins Fettnäpfchen. Respektieren Sie, dass es Themen gibt, die Ihren Gesprächspartnern unangenehm sind. Vermeiden Sie unbedachte Äußerungen, die geeignet sein könnten, Grundsatzdebatten über Themen wie Waffenhandel, Bischofsernennungen oder schlanke Linie vom Zaun zu brechen.

✶

Freuen Sie sich über Dinge, die nichts kosten. Seien Sie nicht so kindisch wie die Leute, die an Weihnachten zuallererst nachrechnen, wie viel die Geschenke gekostet haben, ehe sie sagen können, wie sehr sie sich darüber gefreut haben. Freuen Sie sich über Dinge, die gar nichts kosten. Und staunen Sie darüber, dass es gerade die wichtigsten Dinge auf der Welt – das Leben, die Liebe, das Glück – gratis oder gar nicht gibt.

2. Lassen Sie Gott in Ihrem Leben eine Rolle spielen!

MACHEN SIE ALLTAG DARAUS!

Beziehen Sie religiöse Überlegungen in Ihre alltäglichen Kriterien ein! Lassen Sie sich von höheren Gesichtspunkten leiten: Würde es Gott gefallen? Wie würde Jesus hier entscheiden? Bereite ich einem anderen Menschen damit ein Ärgernis? Vermehrt es die Hoffnung, die Freude in der Welt?

Was droben ist, habt im Sinn, nicht was auf Erden. (Brief an die Kolosser 3,2)

NUR AN GOTT

Checken Sie Ihre Bindungen durch! An wen oder was fühlen Sie sich wie stark gebunden? Beginnen Sie mit Ihren kleinen oder großen Süchten und Abhängigkeiten, gehen Sie dann über zu den Menschen, mit denen Sie auf gute oder schlechte Weise verbunden sind. Und bedenken Sie: Gott relativiert alle Ihre Bindungen. Aus schlechten Bindungen, aus Süchten und falschen Abhängigkeiten möchte er Sie befreien. Aber selbst die Liebe zu Ihrem Partner oder zu Ihren Eltern kann nicht das Letzte und Größte sein, dem Sie gehören. Der Jünger Jesu hat erkannt, dass er sein Herz in letzter Instanz nur an Gott hängen kann.

Wenn jemand zu mir kommt und nicht Vater und Mutter, Frau und Kinder, Brüder und Schwestern und sogar sein eigenes Leben hasst, der kann mein Jünger nicht sein. (Evangelium nach Lukas 14,26–27)

DENKEN SIE RADIKAL!

Fragen Sie sich heute: Wann habe ich zuletzt aus religiösen Gründen eine Priorität gesetzt? Wann habe ich verziehen, wo ich zurückschlagen wollte? Wann habe ich gespendet, wo ich für mich behalten wollte? Wann habe ich Gott eine Zeit eingeräumt, wo ich keine Zeit hatte? Wann habe ich mir bewusst gemacht, dass mir meine Beziehung zu Gott über alles gehen muss?

Wenn deine Hand oder dein Fuß dir zum Ärgernis wird, so haue sie ab und wirf sie von dir. Es ist besser für dich, verstümmelt oder hinkend in das Leben einzugehen, als mit zwei Händen und zwei Füßen in das ewige Feuer geworfen zu werden. Und wenn dir dein Auge zum Ärgernis wird, so reiß es aus und wirf es von dir. Es ist besser für dich, einäugig in das Leben einzugehen, als mit zwei Augen in das höllische Feuer geworfen zu werden. (Evangelium nach Matthäus 18,8–9)

WIE VIEL INVESTIEREN?

Fragen Sie sich, was Sie bereits sind, für den Glauben zu investieren! Würden Sie dafür Geld geben und wie viel? Bestimmte Vorteile verlieren? Lieb gewordene Gewohnheiten aufgeben? Bedenken Sie nebenbei, welche Opfer Sie schon auf sich genommen haben, um ein Auto, ein Haus, eine Urlaubsreise zu bekommen. Warten Sie nicht darauf, dass Ihnen bei der wichtigsten Sache der Welt (Sie gewinnen das Leben für immer) die gebratenen Tauben in den Mund fliegen. Bemühen Sie sich daher gezielt darum! Und wenn Sie nicht wissen, wie es geht, dann überwinden Sie Ihre Scheu und lassen Sie sich von einem Menschen beraten, der Sie als Christ überzeugt. Das muss kein Pfarrer sein.

Müht euch nicht um vergängliche Speise, sondern um eine Speise, die für ewiges Leben dauert, wie sie der Menschensohn euch geben wird. (Evangelium nach Johannes 6,27)

DER NEUE JOB

Lassen Sie sich von Gott anheuern! Beten Sie wie Franziskus von Assisi: »Herr, mache mich zu einem Werkzeug deines Friedens!« Gott nimmt Sie beim Wort. Sie bekommen den besten Arbeitgeber der Welt. Vielleicht bekommen Sie nicht gerade eine neue Arbeitsstelle, denn Ihr Platz ist wahrscheinlich Ihre Familie, Ihre Firma, Ihr Freundeskreis. Aber Sie bekommen Arbeit, die Sie ganz ausfüllt. Und Sie bekommen einen klaren Auftrag: Mach es wie Jesus, imitiere ihn, geh ihm hinterher!

Kommt, folget mir nach. (Evangelium nach Matthäus 4,19)

LIEBEN!

Versuchen Sie Gott zu lieben! Das ist nicht einfach, denn Sie haben ihn nicht gesehen. Lieben Sie daher sein Wort, die Orte seiner Offenbarung, die Erfahrungen, die er Ihnen geschenkt hat, die Menschen, die sich in seinen Dienst stellen, der Augenblick, in dem von ihm gesprochen wird. Und beten Sie. Nur im Gebet bekommen Sie eine Beziehung zu dem, der Sie über alles Sagen hinaus liebt.

Du sollst den Herrn, deinen Gott, lieben aus deinem ganzen Herzen, deiner ganzen Seele und deinem ganzen Denken. Das ist das größte und erste Gebot. Das Zweite ist ihm gleich: Du sollst deinen Nächsten lieben wie dich selbst. (Evangelium nach Matthäus 22,37–39)

EIN WORT LEBEN!

Machen Sie den ersten Schritt: Tragen Sie den Tag in den Kalender ein, an dem Sie ein neues Leben mit Gott beginnen. Nehmen Sie sich von diesem Tag an jeden Tag ein Wort aus der Heiligen Schrift vor (vielleicht folgen Sie dem Leszyklus der Kirche), und glauben Sie daran, dass es für Sie eine persönliche Botschaft beinhaltet. Erinnern Sie sich mehrmals am Tag an dieses Wort. Leben Sie es!

Bekehrt euch und glaubt an das Evangelium. (Evangelium nach Markus 1,15)

ENTSCHEIDUNG

Identifizieren Sie Ihr ganz persönliches »Goldenes Kalb«! Das ist das, worum der Tanz geht oder worum Sie tanzen lassen. Vielleicht ist es Ihre Ruhe, die Ihnen über alles geht? Ihr Hobby? Ihr Kontostand? Ihre Leistungsbilanz? In Ihrer Todesanzeige sollte besser nicht stehen: »Er/Sie lebte und starb für die Taubenzucht!«

Ihr könnt nicht Gott dienen und dem Mammon. (Evangelium nach Matthäus 6,24)

AN DIE ERSTE STELLE

Setzen Sie Prioritäten! Setzen Sie den Glauben bewusst an die erste Stelle! Nehmen Sie ihn wichtiger als die eigene Bequemlichkeit. Machen Sie das auch einmal sinnlich erfahrbar, etwa indem Sie eine Wallfahrt unternehmen! Hören Sie Menschen zu, die schon einmal zu Fuß nach Santiago de Compostela gepilgert sind. Achten Sie auf deren Prioritäten – und vielleicht fällt Ihnen auf, dass mancher dieser Pilger dadurch glücklicher und erfüllter geworden ist, als er es je zuvor in seinem Leben war.

Wer mir nachfolgen will, der verleugne sich selbst, nehme sein Kreuz auf sich und folge mir nach. (Evangelium nach Markus 8,34)

KEINEN MILLIMETER!

Lassen Sie sich durch nichts und niemanden von Ihren religiösen und/oder ethisch-moralischen Prinzipien abbringen! Wenn Sie ein Gegner von Drogen sind, praktizieren Sie null Toleranz! Brechen Sie die Ehe auch nicht ein »bisschen«! Mogeln Sie nie bei der Steuer! Machen Sie Ihrem Partner, Ihren Kindern/Eltern nie etwas vor! Machen Sie den Mund auf, auch wenn Sie Prügel beziehen!

Fürchtet euch nicht vor denen, die den Leib töten, die Seele aber nicht töten können. Fürchtet vielmehr den, der Seele und Leib ins Verderben der Hölle stürzen vermag. (Evangelium nach Matthäus 10,28)

TANKSTELLE

Stillen Sie Ihren existenziellen Durst an der richtigen Stelle! Von Augustinus stammt das Wort: »Des Menschen Herz ist unruhig, bis es ruht in Gott.« Man kann auch sagen: Der Mensch hat unendlichen Hunger und Durst nach etwas, das keine Drogen, kein Sex und kein Ruhm der Welt ausfüllen können, ohne dass man damit das Kraterloch in der Seele nur ausweitet. Das zumindest ist bewiesen. Das andere muss man probieren.

Wenn jemand dürstet, komme er zu mir und trinke. (Evangelium nach Johannes 7,37-38)

ZEICHEN SETZEN

Vertreten Sie selbstbewusst und stolz, dass Sie etwas andere Meinungen vertreten und Handlungsweisen praktizieren als Ihre Zeitgenossen. Wenn Sie übers Wochenende mit anderen unterwegs sind, besuchen Sie einen Gottesdienst! Wenn Sie essen gehen mit anderen, halten Sie einen Moment der Stille, bevor Sie zuschlagen (der andere weiß dann schon, dass Sie beten)! Und dass Sie sich aus geistigen Gründen vor Ostern freiwillig einschränken (Medien, Events, Genussmittel), dürfen andere auch wissen, wenn Sie sich damit nicht über sie erheben.

Schäme dich also nicht, dich zu unserem Herrn zu bekennen ... (Zweiter Brief an Timotheus 1,8)

SUCHEN SIE, WAS DROBEN IST!

Wenn Sie spüren, dass Ihre religiöse Kurve im Abflachen ist, dann machen Sie etwas dagegen! Suchen Sie im Internet oder in Zeitschriften nach Exerzitien, Glaubenswochenenden, Kursen, Vorträgen, geistlicher Begleitung. Schauen Sie auf den Seiten von Gemeinden, Klöstern, geistlichen Gemeinschaften! Machen Sie es verbindlich; melden Sie sich an! Sie brauchen es, dass in Ihnen wieder ein Feuer entzündet wird.

Seid ihr also mit Christus auferweckt worden, so sucht, was droben ist, wo Christus zur Rechten Gottes sitzt. (Brief an die Kolosser 3,1)

DAS JESUS-GEBET

Wenn Sie intensiver mit Gott verbunden sein möchten, versuchen Sie es mit dem »Jesus-Gebet«, einer uralten spirituellen Tradition. Sprechen Sie sooft es geht (beim Aufstehen, während kleiner Wartezeiten, unterwegs, bei kleinen Pausen, während der Arbeit, wenn Sie in der Nacht wach werden ...) die Formel »Herr Jesus Christus, Sohn des lebendigen Gottes, erbarme Dich meiner/unser«. Vielen, die das Jesus-Gebet praktizieren, ist es in Fleisch und Blut übergegangen und gibt ihnen eine Grundstimmung der Freude und des Friedens.

Bleibt in mir, und ich bleibe in euch. (Evangelium nach Johannes 15,4)

ZU BEFEHL

Wenn Ihnen beim Gottesdienst ein Text aus der Heiligen Schrift vorgelesen wird, dann hören Sie ihn so, als könnte Ihnen Gott gleich einen Befehl geben, den Sie unverzüglich ausführen müssten, ohne zu fragen, in vollkommenem Gehorsam. Seien Sie vollkommen wach! Sitzen Sie so, als würden Sie jeden Moment aufstehen, rausgehen und beginnen. In der Tat enthält die Heilige Schrift eine eindeutige Botschaft an Sie, die mehr ist als eine unverbindliche Anregung, die Sie – wenn Sie zu Gott gehören – absolut verpflichtet.

Man muss Gott mehr gehorchen als den Menschen. (Apostelgeschichte 5,29)

Lassen Sie sehen, was Sie am Hals haben. Tragen Sie Ihr Kommunionkreuz wieder einmal bewusst als »Kennzeichen« und nicht nur als Schmuck. Markieren Sie somit auf symbolische Weise, dass Sie zu Gott gehören, dass er Ihr Leben bestimmen darf – dass Sie ein gläubiger Christ sind und beim Wort genommen werden möchten.

✶

Lesen Sie die Hotelbibel. In dem Hotel, in dem Sie untergebracht sind, liegt eine Bibel im Nachtkästchen. Lassen Sie die Bibel nicht links liegen. Nehmen Sie sie in die Hand und lesen Sie darin, auch wenn es nur ein paar Zeilen sind.

✶

Treffen Sie sich zu Themenabenden. Reden Sie, wenn Sie sich mit Bekannten treffen und abends beisammensitzen, um etwas zu essen und ein Glas Wein zu trinken, nicht nur über Politik, Krankheiten, Vorkommnisse in der Firma, Urlaubspläne und andere Themen, über die Sie schon hundertmal geredet haben. Nehmen Sie sich vor, einmal im Monat ernsthaft über ein bestimmtes Thema zu sprechen, auf welches sich einer von Ihnen besonders vorbereitet. Tauschen Sie darüber Ihre Meinungen und Erfahrungen aus und lernen Sie Gesichtspunkte kennen, auf die Sie bisher noch nie gekommen sind. Solche Themen könnten zum Beispiel sein: Was Sie im Glauben trägt, wie man heute ehrlich leben kann, wofür man sich engagieren möchte, wie man mit Kindern in einer konsumistischen Welt überleben kann und Ähnliches. Beginnen Sie gleich in diesem Monat mit dem Thema Hoffnung. Worauf hoffen wir eigentlich und worauf sollten wir hoffen? Auf welches Ziel bewegt sich unser ganzes Leben hin?

Bedenken Sie, dass andere Menschen letztendlich auch nur die eine wichtige Frage ihres Lebens lösen müssen: Wie sie einen Weg zu Gott finden.

✶

Werfen Sie Ballast ab. Trennen Sie sich von Dingen, die Sie nicht benutzen. Halten Sie sich nicht fest an Dingen, die Ihnen irgendwann einmal nützlich sein könnten. Geben Sie diese Dinge an Menschen, die sie wirklich gebrauchen können. Gehen Sie nicht unter im Ballast. Sammeln Sie die Zeitungen zusammen, die sich auf Ihrem Regal stapeln, weil Sie in den letzten Wochen zu wenig Zeit zum Lesen hatten, und bringen Sie sie zum Altpapier. Bedenken Sie was wichtig ist im Leben, dass Sie Tag für Tag mehr auf Gott hin leben. »Nichts soll dich verwirren, nichts ängstigen! Gott allein genügt!« (Teresa von Avila).

✶

Vertrauen Sie auf Gottes Führung. Wenn Ihnen heute etwas in die Quere kommt, wenn Ihnen Ihr schöner Plan kaputt gemacht wird, wenn Sie ganz von vorn anfangen müssen, dann hadern Sie nicht mit dem Schicksal! Vielleicht sehen Sie jetzt nicht, warum das nun sein musste, vielleicht aber später. Nehmen Sie die Situation ganz tief an. Gott bietet Ihnen eine neue Plattform an, auf der etwas anderes, etwas jenseits Ihrer Absichten, entstehen könnte. Mit der Zerstörung Ihrer Pläne möchte er Ihnen etwas sagen. Überlassen Sie sich seiner Führung und beginnen Sie neu in der Hoffnung, dass er Sie auch jetzt nicht verlassen hat.

✶

Wandern Sie im Nebel. Machen Sie einen ausgedehnten Spaziergang bei trübem Wetter. Die feuchte Luft an diesem nebeligen Nachmittag im Spätherbst tut Ihren Atemwegen gut, und die eingeschränkte Sicht schützt Sie vor Reizüberflutung. Es führt Sie nach innen, lässt Ihre Seele sprechen. Denken Sie an den heiligen Augustinus, der »Gott und die Seele« für die wichtigsten Dinge in der Welt hielt.

✶

Ändern Sie Ihre Blickrichtung. Richten Sie Ihren Blick nicht immer nur in Augenhöhe aus. Erheben Sie Ihren Kopf und blicken Sie nach oben. Hinauf zum blauen Himmel, der sich über Ihnen wölbt. Oder blicken Sie nachts in den Sternenhimmel. Atmen Sie durch und freuen Sie sich, dass die Welt größer ist als Ihre kleinen Probleme. Denken Sie an Gott, der diese Welt geschaffen hat, der sie jede Sekunde im Leben erhält, dem auch Sie in jedem Augenblick vor Augen stehen.

✶

Tun Sie einen ersten Schritt in Richtung Feindesliebe. Suchen Sie sich aus der Liste all der Menschen, mit denen Sie ernsthafte Probleme haben, einen heraus und nehmen Sie ihn im positiven Sinn ins Gebet. Ihr Gebet könnte lauten: »Lieber Gott, du bist der Vater aller Menschen und hast auch die gern, von denen ich sage, sie können mich ›gern haben‹. Nimm diesen Menschen da, vor dem ich auf der Hut bin, in deine Hut, so wie du auch mich in die Hut nimmst, damit ich mich hüte, ihn zu hassen und zu verachten.«

✶

Stellen Sie ein Licht auf. Vielleicht gibt es auch bei Ihnen draußen vor der Stadt ein Wegkreuz oder eine Stele mit einem Heiligenbild. Seien Sie dieser Mensch, von dem die Spaziergänger zueinander sagen: »Möchte wissen, wer das ist, der da immer frische Blumen hinstellt und das Kerzenlicht am Brennen hält!«

✶

Hängen Sie ein Kruzifix auf. Hängen Sie es an eine Stelle, an die Sie immer wieder hinschauen – über den Arbeitstisch, über Ihr Bett beispielsweise. Konfrontieren Sie sich ganz bewusst mit dem Kreuz. Betrachten Sie es als das, was es ist. Auch wenn es vielleicht in goldener Schönheit erstrahlt, ist es das Abbild jenes Hinrichtungsinstrumentes, an dem Jesus von Nazareth qualvoll gestorben ist. Lassen Sie sich vom Kreuz, diesem »Zeichen, dem widersprochen wird«, in heilsamer Weise provozieren. Bleiben Sie aber nicht bei der schwarzen Seite des Karfreitags stehen. Setzen Sie Ihr Vertrauen auf den Herrn der Geschichte, der das Zeichen des Todes zu einem Zeichen der Erlösung und Befreiung gemacht hat.

✶

Machen Sie eine Bootsfahrt. Genießen Sie die Fahrt. Fühlen Sie, wie Sie getragen werden. Sehen Sie die Wasserfläche an, über die Sie gleiten. Betrachten Sie die Leute, die mit Ihnen unterwegs sind. Danken Sie Gott dafür, dass die Erde so schön ist und dass Sie getragen, geleitet und behütet wurden jeden Tag.

✶

Lesen Sie die Bibel. Warten Sie nicht auf den Tag X, an dem Sie endlich Zeit haben werden, aufmerksam die Bibel zu lesen, wie Sie es ohnehin schon seit langem vorhaben. Nehmen Sie jetzt die Bibel in die Hand, schlagen Sie sie auf und lesen Sie wenigstens einen Satz. Vielleicht nehmen Sie sich sogar Zeit für einen zweiten. Lassen Sie die Bibel an einem Platz liegen, an dem Sie immer wieder über dieses besondere Buch »stolpern«!

3. Seien Sie gut zu sich!

MACH MAL PAUSE!

Ruhen Sie sich ruhig einmal bei Gott aus! Sie müssen jetzt nichts machen, keine Leistungen erbringen, keinen Pflichten nachkommen. Sie sollen durchatmen, sich befreien, stärken und kräftigen lassen. Entkrampfen Sie sich, machen Sie die Hände auf und lassen Sie sich beschenken! Bei Gott sein ist wie richtig gute Ferien haben.

Kommt zu mir alle, die ihr mühselig und beladen seid, und ich will euch erquicken. Nehmt mein Joch auf euch und lernt von mir; denn ich bin sanftmütig und demütig von Herzen, und ihr werdet Erquickung finden für eure Seelen, denn mein Joch ist sanft und meine Bürde ist leicht. (Evangelium nach Matthäus 11,28–30).

OUTFIT

Achten Sie heute auf Ihre »Außenseite«, damit man Sie als Pluszeichen in einer egoistischen Gesellschaft wahrnehmen kann! Denken Sie immer daran: Kleider, Schuhe und Frisur vermitteln nur einen oberflächlichen Eindruck von Ihnen. Sie müssen von innen her strahlen, eine geistige Ausstrahlung gewinnen!

So zieht denn an als von Gottes erwählte Heilige und Geliebte herzliches Erbarmen, Güte, Demut, Milde, Geduld. (Brief an die Kolosser 3,12)

WICHTIGER ALS ASKESE

Übertreiben Sie es nicht mit der Askese! Jesus war auch kein Asket. Das Wichtigste ist, dass Sie ein wacher, lebendiger, liebevoller Mensch und Christ sind. Wenn Ihnen Fasten und andere asketische Übungen dabei helfen, dann machen Sie das. Wenn Sie dabei sauertöpfisch oder gar krank werden, verbietet es sich.

Trinke nicht weiterhin Wasser, sondern nimm etwas Wein wegen deines Magens und deiner häufigen Erkrankungen. (Erster Brief an Timotheus 5,23)

MASSSTAB KINDER

Betrachten Sie Ihre Kinderfotos! Wie waren Sie? Welche positiven Eigenschaften hatten Sie? Überlegen Sie: Wie kann ich den Panzer um meine Brust, all die Verkrustungen, all dieses Misstrauen abbauen? Wie kann ich wieder dieses unendliche Vertrauen, diese unendliche Erwartung lernen? Denken Sie nach: Wo gibt es in Ihrer Umgebung einen »kindlichen« Menschen, mit dem Sie sprechen, dem Sie nacheifern könnten?

Wenn ihr euch nicht bekehrt und nicht werdet wie die Kinder, so werdet ihr nicht in das Himmelreich eingehen. (Evangelium nach Matthäus 18,3)

ANDERE AUGEN

Gehen Sie heute durch die Welt und schauen Sie sie mit neuen Augen an – so als wären Sie frisch verliebt. Gott hat Sie gereinigt, Sie von Ihrer alten Verderbtheit befreit, Ihnen wieder reine, liebevolle Augen geschenkt. Sie dürfen alles mit den Augen Gottes anschauen, der jedes Ding und jeden Menschen liebt, als gäbe es dieses Ding und diesen Menschen nur ein einziges Mal.

Ihr sollt ablegen im Sinn des früheren Wandels den alten Menschen, der durch trügerische Lüste verdorben ist, und neu werden in Geist und Gesinnung, um anzuziehen den neuen Menschen, der nach Gott geschaffen ist in wahrer Gerechtigkeit und Heiligkeit. (Brief an die Epheser 4,22–24)

NICHT DURCHARBEITEN!

Überlegen Sie, wo Ihre Nischen sind, in denen Sie ausruhen, Kraft schöpfen, wo Sie neu auftanken und sich selber finden können, um von der Hektik des Alltags nicht überrollt zu werden! Ist es eine Stilleübung, ein gutes Buch, ein Instrument, ein Waldspaziergang, ein regelmäßiger Sport-Termin? Bedenken Sie: Jesus selbst lädt zum Pause machen ein. Es ist absolut kein Zeichen von Frömmigkeit, wenn man immer nur durcharbeitet, und sei es für die Kirche oder die Armen.

Kommt an einen abgelegenen Ort und ruht ein wenig aus. (Evangelium nach Markus 6,31)

MIT HUMOR GEHT ALLES BESSER

Lächeln Sie, wenn Sie Gutes tun! Von Teresa von Avila stammt das berühmte Wort: »Vor sauertöpfischen Heiligen bewahre uns der Herr!«. Und von Thomas Morus ist uns überliefert: »Herr, schenke mir Sinn für Humor, und gib mir die Gnade, einen Scherz zu verstehen, damit ich ein wenig Glück kenne im Leben und anderen davon mitteile.«

Tut alles ohne Murren und Widerstreben. (Brief an die Philipper 2,14)

THERAPIE

Machen Sie sich mit dem Gedanken vertraut, dass Sie dazu bestimmt sind, »heil« zu werden! Gott möchte Ihr Therapeut sein. Suchen Sie die Stille und setzen Sie sich seinem heilenden Einfluss aus! Lassen Sie sich segnen (von Ihrem Partner, von einem Seelsorger)! Beten Sie nicht immer nur für andere Menschen; beten Sie um Segen und Heilung auch für Sie persönlich!

Denn das ist der Wille Gottes: eure Heiligung. (Erster Brief an die Thessalonicher 4,3)

SINNVOLLE ÜBERGABE

Wenn Ihnen das Leben zu schwer wird, wenn Sie nicht mehr können, dann übergeben Sie an Gott! Beten Sie: »Herr, ich habe alles getan, mein Bestes gegeben. Ich kann nicht mehr. Es wächst mir über den Kopf. Ich übergebe jetzt an Dich! Ich werfe alle meine Sorge auf Dich. Du hast mich geschaffen und Du sorgst für mich. Segne mich, meine Lieben und meine Arbeit! Führe mich und leite mich und lass mich in meinen Sorgen nicht zugrunde gehen!«. Natürlich können Sie dann die Hände nicht in den Schoß legen. Aber Sie sind fundamental entlastet. Im Glauben wissen Sie: Ich kann mein Glück (und muss es) nicht selber machen.

All eure Sorge werfet auf ihn, denn er sorgt für euch. (Erster Brief des Petrus 5,7)

ZEIGEN SIE SICH!

Sie sollten es schaffen, einem Freund (auch einem Priester – dafür sind sie da) Ihre Nachtseite zu offenbaren – vielleicht nicht auf einmal, aber Stück für Stück: Wo sich eine Abhängigkeit herausgebildet hat, vielleicht sogar eine Sucht, wo Sie sich in den Mitteln vergriffen haben, gar wo Sie sich benommen haben »wie ein Schwein«. Das Bekenntnis ist die Voraussetzung einer Heilung. Und wenn Sie es dann noch schaffen, dass Sie gemeinsam um Heilung durch Gott beten (das kann ruhig still geschehen), dann sind Sie schon sehr weit.

Bekennt einander eure Sünden und betet füreinander, damit ihr geheilt werdet. (Brief des Jakobus 5,16)

VERTRAUENSVORSCHUSS

Wenn Sie sich Gott noch fern fühlen, so machen Sie ein kleines Experiment: Geben Sie ihm einen Vorschuss an Vertrauen! Halten Sie ihm einfach ohne zu lügen Ihr Leben hin. Sagen Sie ihm, was Sie können und was Sie nicht können, gestehen Sie ihm auch Ihr Scheitern ein, Ihre Angst, Ihre Abhängigkeiten, Ihre Begierden, – halt Ihre ganze Schokoladen- und Ihre ganze Nachtseite! Und nehmen Sie einmal an, er sieht Sie – und verurteilt Sie nicht, was immer Sie bislang getrieben haben. Vielleicht spüren Sie, wie das Wesenlose von Ihnen abfällt, wie gute Augen Sie berühren und Sie im Kern Ihrer Person gestärkt werden. Und warten Sie, was dann geschieht!

Lasst uns mit Zuversicht hintreten zum Thron der Gnade, um Barmherzigkeit zu erlangen und Gnade zu finden als Hilfe zu rechter Zeit. (Brief an die Hebräer 4,16)

POSITIVFAKTOR

Seien Sie gut zu den Menschen in Ihrer Umgebung, nach dem Wort von Mutter Teresa: »Lass keinen Menschen zu dir kommen, der nicht glücklicher wieder von dir geht, als er gekommen ist.« Und seien Sie deshalb in erster Linie ein Mensch, der Freude ausstrahlt, fröhlich ist, ein paar Witze, einen lockeren Spruch draufhat. Wenn Sie kommen, müssen die anderen sich freuen, weil Sie ein so positiver Typ sind!

Wer Barmherzigkeit übt, der tue es mit Frohsinn. (Brief an die Römer 12,8)

Gestalten Sie ein Mandala. Besorgen Sie sich Farbstifte oder bunte Filzstifte und machen Sie eine kleine meditative Übung, die aus uralter Erfahrung erwachsen ist. Malen Sie ein Mandala. Mandalas sind Kreisbilder mit vorgezeichneten Linien, von denen unendlich viele Variationen möglich sind. Ihre Aufgabe ist es, die weißen Flächen innerhalb des Kreises bunt zu bemalen. Um dies zu tun, müssen Sie keineswegs künstlerisch begabt sein. Solche Bilder gelingen immer. Die Übung wird Ihnen helfen, sich zu entspannen und auf Ihr Inneres zu konzentrieren. Sie bringt Sie dazu, Ihr Unbewusstes sprechen zu lassen. Durch die Farben, die Sie den Formen geben, drücken Sie ganz persönliche Gedanken und Gefühle aus, die Sie innerlich bewegen. Sie tun dies aber nicht in Worten, wie Sie es sonst meist gewohnt sind, sondern eben in Bildern. Sie werden überrascht sein, wie viel

Kraft Ihnen dieses Tun geben wird und welche innere Freude Sie dadurch erleben.

✶

Träumen Sie. Schließen Sie die Augen und stellen Sie sich die Dinge so vor, wie sie Ihrer Meinung nach sein sollten. Erleben Sie sich so, wie Sie gern sein möchten, und genießen Sie es, so zu sein. Öffnen Sie die Augen wieder und vergleichen Sie, wie groß der Abstand zwischen dem Menschen ist, der Sie sind, und dem, der Sie gern wären. Gehen Sie hin und verringern Sie den Abstand.

✶

Lösen Sie Ihr Schreibtisch-Chaos auf. Auf Ihrem Schreibtisch und in Ihrem Arbeitsbereich kann der Papierstau immer größere Ausmaße annehmen. Der Leidtragende werden Sie selber sein. Raffen Sie sich auf und machen Sie Ordnung. Legen Sie die einzelnen Blätter dort ab, wo sie hingehören. Lassen Sie zusammenwachsen, was zusammengehört. Der Nutznießer werden Sie selber sein. Beim nächsten Mal, wenn Sie dringend das Schreiben einer Behörde oder einen Kontoauszug vom vergangenen Februar benötigen, werden Sie nicht wieder völlig verzweifelt in einem Berg von Papieren herumwühlen müssen. Ein Handgriff wird genügen, um das Gesuchte zu finden.

✶

Gönnen Sie sich ein festliches Mahl. Sie haben etwas aus der Fastenzeit gemacht und sind jetzt stolz darauf. Oder Sie haben an einem Kurs, an Exerzitien, teilgenommen und Ihrem Leben wieder einen roten Faden gegeben. Sie sind erfüllt von guten religiösen Gedanken. Gönnen Sie sich jetzt ein richtig festliches Mahl. Haben Sie kein schlechtes Gewissen dabei, dass Sie jetzt an so etwas Profanes wie Essen denken. Es ist eine uralte Erfahrung, dass Leib und Seele zusammengehören. In der Bibel (Nehemia 8,10) können Sie nachlesen, wie der Priester und Schriftgelehrte Esra den Leuten, nachdem er ihnen von frühmorgens bis Mittag das Buch des Gesetzes vorgelesen hat, am Ende der frommen Übung empfiehlt: »Nun geht, haltet ein festliches Mahl und trinkt süßen Wein!«

✶

Gehen Sie zum Arzt. Sorgen Sie für sich. Sie können nicht immer nur durcharbeiten. Lassen Sie einen Gesundheits-Check machen. Ihre Gesundheit darf Ihnen nicht gleichgültig sein. Rechtzeitig Gesundheitsrisiken und versteckte Krankheiten zu erkennen, ist nicht nur in Ihrem eigenen Interesse, sondern auch im Interesse Ihrer Umwelt.

✶

Blättern Sie in einem Bildband. Sehen Sie nicht wahllos möglichst viele Bilder an, sondern suchen Sie sich eines aus, das Sie spontan anspricht. Betrachten Sie dieses Bild. Lassen Sie es auf sich wirken, bis es Ihnen etwas sagt. Seien Sie dankbar für das, was es Ihnen sagt; und wenn es Sie zum Widerspruch reizt, seien Sie dankbar dafür, dass es Sie gezwungen hat, Stellung zu beziehen und selber eine Antwort zu finden.

✶

Lassen Sie Zweifel zu. Geraten Sie nicht in Panik, wenn Ihnen Glaubenszweifel kommen. Zweifeln ist menschlich. Es ist durchaus normal, dass es Zeiten gibt, wo Ihnen etwas, das Ihnen sonst hell und einleuchtend scheint, dunkel und fragwürdig vorkommt. Auch die Frauen und Männer, die die Kirche als Heilige verehrt, hatten Zeiten der Anfechtung und des Zweifels zu bestehen. Sogar die Apostel waren nicht frei davon. Halten Sie sich vor Augen, dass ohne die dunklen Stunden das Licht des Glaubens nicht zu haben ist. Nicht das Zweifeln ist schlimm, sondern wenn Sie die Zweifel nicht zulassen wollen. Denn dann kommen die Zweifel in siebenfacher Verstärkung und machen sich als Verzweiflung breit.

*

Machen Sie sich nicht selbst kaputt. Sagen Sie einen Termin oder gleich eine Reihe von Terminen ab. Nehmen Sie notfalls auch in einer Stressphase einen Tag Urlaub, wenn Sie nicht mehr können. Es nützt nichts, wenn Sie sich überfordern. Seien Sie nicht nur gut zu anderen; seien Sie auch gut zu sich. Haben Sie sich ein bisschen gern.

*

Entspannen Sie Ihre Augen. Sie müssen nicht immer nur den anderen etwas Gutes tun. Sie können auch etwas tun, das Ihnen selber gut tut. Kenner werden es Ihnen vielleicht schon einmal empfohlen haben, wie gut es für Sie ist, wenn Sie auf ganz einfache Weise Ihre angestrengten Augen entspannen. Setzen Sie sich hin, stützen Sie die Ellenbogen auf den Tisch und reiben Sie Ihre Handflächen aneinander, bis Sie spüren, dass die Finger warm werden. Schließen Sie die Augen und legen Sie die Hände an Ihre Augen. Üben Sie keinen Druck auf die Augen aus, aber legen Sie die Hände richtig auf die Lider. Lassen Sie die Hände so lange an den Augen, bis die Wirkung der Berührung nachlässt. Wiederholen Sie das Ganze zwei- oder dreimal, je nach Bedarf.

*

Räumen Sie Ihr Zimmer auf. Seien Sie nicht in übertriebener Weise auf Ordnung bedacht, aber fangen Sie mit dem Aufräumen nicht erst an, wenn das totale Chaos ausgebrochen ist. Nehmen Sie eine innere Unruhe zum Anlass, um mit dem Ordnungmachen anzufangen. Sie werden sehen, wie Sie, sobald Sie äußerlich Ordnung machen, auch innerlich zu einer gewissen Harmonie gelangen. Dass Ihre Sachen leichter zu finden sind, weil alles übersichtlich geordnet ist und griffbereit daliegt, wird Ihnen auch helfen, sich selber zu finden. Denken Sie auch daran, dass Ordnungmachen mit dem Heiligen Geist zu tun hat. Er ist in der Welt, damit die Verwirrung weniger wird. Ordnung ist ein kleines Zeichen der neuen Welt, in der alles seinen Platz hat – auch Sie!

✶

Betrachten Sie die Sterne. Nützen Sie die sternklare Nacht dazu, die Sterne zu betrachten. Sonst werfen Sie bestenfalls einen flüchtigen Blick nach oben, widmen Sie sich diesmal ausgiebig der leuchtenden Pracht. Wenn Sie ein Fernrohr zu Hilfe nehmen, werden Sie freilich noch weit mehr von der großen weiten Welt entdecken, in die wir eingebettet sind und in der unsere Erde und das ganze Sonnensystem nur ein winziges Stäubchen sind. Besuchen Sie bei Gelegenheit ein Planetarium oder eine Sternwarte. Und wenn Ihnen danach ist, danken Sie Gott dafür, dass er Sie so einmalig erschaffen hat und Ihnen im Kosmos einen Platz zugewiesen hat.

✶

Schaffen Sie sich eine Oase. Überlegen Sie sich, wie Sie eine Ecke in Ihrer Wohnung stimmungsvoll gestalten können. Diese Ecke soll ein Ort des Wohlfühlens sein, ein

Ort, an dem Sie ganz zu Hause sein können. Eine Oase, in der Sie auftanken können. Nutzen Sie diese Ihre gemütliche Ecke, sooft Sie können. Verändern Sie sie regelmäßig. Ein paar Tipps: Wohlfühl-Sitzgerät kaufen, eine Kerze, Ihre liebsten Fotos rahmen lassen, täglich den Blumenstrauß erneuern, eine schöne Lampe dazustellen. Wenn Sie meditieren: Schaffen Sie sich einen Holzhocker an und gestalten Sie die Umgebung bewusst »leer«.

✶

Halten Sie Ihre Erlebnisse fest. Erinnern Sie sich an die drei schönsten Erlebnisse des gestrigen Tages. Erinnern Sie sich an die drei schönsten Erlebnisse des letzten Urlaubs. Erinnern Sie sich an die drei schönsten Erlebnisse der vergangenen drei Jahre. Schreiben Sie Ihre Erlebnisse auf; es dürfen ruhig mehr sein als drei. Haben Sie keine Sorge, dass Außenstehende vielleicht nicht begreifen, was daran schön sein soll, wenn Sie schreiben: »Das Meer war blau.« Die Aufzeichnungen sind nur für Sie selber bestimmt, und Sie wissen ohnehin, was Sie meinen, wenn Sie so besonders betonen, dass das Meer, das die ganze Zeit blau ist, in diesem Moment blau war. Sie werden sehen, wie gut es Ihnen tut, sich in schwierigeren Phasen des Lebens an solche Glücksmomente zu erinnern. Ihre Aufzeichnungen werden Ihnen eine Hilfe sein.

✶

Legen Sie sich in die Sonne. Tun Sie ganz bewusst einmal etwas für sich – Sie müssen sich ja genauso lieben und sich Gutes tun, wie Sie das für andere nach dem Gebot der Nächstenliebe machen sollen. Nutzen Sie die halbe Stunde, die Sie in der Mittagspause übrig haben, diesmal nicht dazu, Besorgungen zu machen und Anrufe zu erledigen. Schalten Sie ab und lassen Sie »Bruder Sonne« an sich heran.

✶

Bleiben Sie auf einer Brücke stehen. Blicken Sie hinunter auf den Fluss und sehen Sie dem fließenden Wasser zu. Denken Sie an nichts, sondern sehen Sie nur zu, wie das Wasser fließt.

✶

Prophezeien Sie sich den Erfolg. Verzagen Sie nicht beim Gedanken: »Dieses und jenes sollte ich heute unbedingt noch erledigen. Aber wer weiß, ob die Zeit reicht, und wer weiß, ob ich durchhalte.« Wenn Sie sich selber prophezeien, dass Sie es ganz bestimmt nicht schaffen werden, dann werden Sie es sicher nicht schaffen. Prophezeien Sie sich nicht den Misserfolg, sondern den Erfolg. Sagen Sie sich: »Das werde ich schaffen.«

✶

Rufen Sie die Telefonseelsorge an. Verkriechen Sie sich nicht in Ihr Schneckenhaus. Ziehen Sie sich nicht in sich selber zurück, wenn Sie seelische Probleme haben, mit denen Sie ohne fremde Hilfe nicht fertig werden. Warten Sie nicht, bis Andere auf Ihren Zustand aufmerksam werden und endlich auf die Idee kommen, Ihnen Hilfe anzubieten. Ergreifen Sie selber die Initiative. Leisten Sie sich selber erste Hilfe, indem Sie sich erkundigen, wohin Sie sich wenden können.

✶

Schaffen Sie sich kleine Freuden. Vielleicht gehören Sie zu den Menschen, die sich mit einem guten Essen belohnen, wenn ihnen etwas Bestimmtes gelungen ist. Falls der Erfolg, den es zu feiern gilt, allerdings darin bestanden hat, dass Sie es geschafft haben, einen Tag lang zu fasten, wie Sie es schon lange vorhatten, dann war das mit dem guten Essen keine sehr gute Idee. Überhaupt ist es in unserer Wohlstandsgesellschaft, wo alle unter Übersättigung leiden, eher problematisch, sich durch Essen zu belohnen. Schaffen Sie sich andere kleine Freuden. Zum Beispiel könnten Sie sich Ihre alte Lieblingsplatte anhören, sich einen Riesenblumenstrauß gönnen oder den Tisch besonders liebevoll decken, auch wenn Sie allein sind.

✶

Nehmen Sie sich nicht wichtiger, als Sie sind. Verzichten Sie darauf, sich höher stellen zu wollen als die Anderen. Sagen Sie sich: »Wenn ich mich unbedingt höher stellen will, ist das ein Zeichen dafür, dass es um mich gar nicht gut steht.« Sie sind das, was Sie in den Augen Gottes sind – nicht mehr, aber auch nicht weniger. Leben Sie nicht in einer Fiktion von sich, nehmen Sie Ihre Wirklichkeit an. Wenn Sie sich unscheinbar, schüchtern und unbedeutend vorkommen, sollten Sie doch wissen, dass Sie in Gottes Augen unverwechselbar, liebenswert und unendlich kostbar sind – selbst wenn es niemand sieht.

✶

Verrichten Sie Gartenarbeit. Wenn Sie viel am Schreibtisch sitzen, sollten Sie sich unbedingt mit einer körperlichen Arbeit befassen, sie verlieren sonst die Bodenhaftung – das wussten übrigens schon die alten Mönche. Also: Lassen Sie nicht immer nur den Gärtner ran. Entfernen Sie das Unkraut im Blumenbeet selbst.

✶

Definieren Sie, was Arbeit für Sie bedeutet. Sagen Sie sich: »Ich betrachte das Arbeiten nicht nur als eine Möglichkeit, Geld zu verdienen und mir eine Existenzgrundlage zu verschaffen, sondern ich möchte arbeiten, um mein eigenes Leben und das von anderen Menschen sinnvoller zu machen.« Wenn Ihr Beruf Sie in die Lebenskrise führt, weil Sie es nicht mehr aushalten, dann checken Sie mit anderen ab, was Sie tun könnten, um Ihre Anlagen zur Entfaltung zu bringen. Nehmen Sie sich notfalls einen Coach.

✶

Legen Sie eine Schatztruhe an. Geben Sie Dinge hinein, mit denen Sie Erinnerungen verbinden, die Ihnen wertvoll sind. Einen schönen Stein, eine Muschel, eine Notiz mit einer lieben Bemerkung, eine Hotelrechnung, eine Ansichtskarte, ein schönes Stück Stoff, einen kleinen Teddybären, ein Kinderfoto.

✶

Machen Sie einen Klettertag. Erproben Sie im geschützten und kontrollierbaren Raum einer Kletterhalle, wozu Sie im Stande sind und was Sie alles können. Spüren Sie zusammen mit anderen, wie viel Kraft in Ihnen steckt. Lernen Sie durch das Klettern in überraschend neuer Weise, auf Menschen einzugehen und Verantwortung zu übernehmen. Machen Sie die Erfahrung, dass ein Seil und die Kraft eines anderen ausreichen, Sie zu halten.

✶

Entdecken Sie Ihre Kreativität. Schreiben Sie Wörter verkehrt herum. Zum Beispiel gleich das Wort »Wörter«. Das würde dann lauten: »Retröw«. Betrachten Sie diese Wörter, als wären sie Wörter einer fremden Sprache. »Retröw« könnte zum Beispiel ein Mixgetränk sein. Bemühen Sie sich, für die auf den Kopf gestellten Wörter passende neue Bedeutungen zu finden. Schreiben Sie auch den eigenen Namen verkehrt auf und versuchen Sie, in ihm Züge zu entdecken, die Sie bisher an sich noch nie wahrgenommen haben.

✶

Achten Sie auf sich. Es ist gut, wenn Sie sich nicht als den Nabel der Welt betrachten, um den sich alles dreht, sondern gelernt haben, aufmerksam darauf zu achten, was die anderen brauchen. Es wäre aber schlecht, wenn Sie vor lauter Sorge um andere Ihre eigenen Bedürfnisse völlig aus den Augen verlieren würden. Achten Sie auch auf sich selber. Fragen Sie sich einmal im Monat: »Wer bin ich? Wo stehe ich? Was will ich? Was brauche ich? Worauf sollte ich lieber verzichten?«

✶

Atmen Sie durch. Atmen Sie ein. Atmen Sie aus. Tun Sie nichts als das. Lenken Sie sich nicht ab. Denken Sie an nichts. Atmen Sie nur. Konzentrieren Sie sich darauf. Machen Sie von Ihrer Fähigkeit Gebrauch, einfach da zu sein. Entdecken Sie das Dasein, das Ihnen geschenkt ist.

✶

Wenn Sie älter sind: Entdecken Sie die Welt! Und fangen Sie mit Ihrer Stadt an. Bleiben Sie nicht immer nur zu Hause! Fahren Sie mit der Straßenbahn. Besorgen Sie sich einen Fahrschein, der für den ganzen Tag gültig ist. Setzen Sie sich in das Abteil und fahren Sie los. Nehmen Sie vielleicht eine Digitalkamera mit. Machen Sie den ganzen Nachmittag nichts anderes als nur das. Fahren Sie bis zur Endstation. Steigen Sie in eine andere Linie oder in einen Autobus um, wie es sich gerade ergibt. Beobachten Sie die Menschen, die kommen und gehen, und das Treiben auf den Straßen. Sehen Sie Stadtteile, in die Sie schon lange nicht mehr gekommen sind oder in denen Sie überhaupt noch nie waren. Setzen Sie Ihre Reise durch die Stadt so lange fort, wie es Ihnen Freude macht. Sie können sie jederzeit beenden und von jedem Punkt aus umkehren und nach Hause fahren.

*

Besorgen Sie sich Smileys. Sorgen Sie dafür, dass die Dinge, die für Sie ein unfreundliches Gesicht haben, einladend werden. Kleben Sie auf das Vokabelheft, auf den Korb mit der Bügelwäsche oder auf den Werkzeugkasten in der Garage, den Sie schon seit Monaten, wenn einmal Zeit und Rat kommt, ordnen möchten, einen Smiley-Sticker.

4. Entdecken Sie Ihre Mitmenschen!

BESSER DIENEN!

Beobachten Sie einmal, ob Sie sich beim Essen gegenseitig bedienen, ob jeder die Achtsamkeit mitbringt, einen Blick auf das Wohl des anderen zu haben. Da kann man wieder ein Gefühl für »Dienen« bekommen. Wer in Freiheit dient, vergibt sich nichts, ja er steigt eigentlich auf. Deshalb kann Mutter Teresa sagen: »Es ist besser zu dienen, als bedient zu werden.« Und Bernhard von Clairvaux, der berühmte Zisterzienser-Abt und einflussreichste Mann seiner Zeit, formulierte das alternative, christliche Leitungskonzept in seinem berühmten Brief an Papst Eugen III.: »Steh an der Spitze, um zu dienen, nicht um zu herrschen!«

Wer unter euch ein Großer sein will, der sei euer Diener, und wer unter euch der Erste sein will, der sei der Knecht aller. (Evangelium nach Markus 10,43–44)

KEIN CHRISTLICHER STANDPUNKT

Überlegen Sie konkret, wer etwas gegen Sie hat, wer Ihre Feinde / Gegner / Nebenbuhler / Konkurrenten / Widersacher / Wettbewerber sind! Hassen Sie diese Menschen? Wenn es so ist, müssen Sie eine neue Einstellung finden. Sie können nicht beim Hass bleiben – das ist kein Standpunkt für einen Christen. Sie könnten sie als sportliche Herausforderer begreifen. Wo das nicht geht, sollten Sie beten, sollten diese Menschen so lange ins Gebet nehmen, bis Sie sie segnen und annehmen können in ihrer manchmal unüberbrückbaren Andersheit.

Jeder, der seinen Bruder hasst, ist ein Mörder. (Erster Brief des Johannes 3,15)

FÜR ANDERE LEBEN!

Denken Sie immer daran, dass Ihr Leben nicht dadurch sinnvoll wird, dass Sie auf Ihre Kosten kommen! Noch mehr und noch mehr und noch mehr! Jesus erfüllte den Sinn seines Auftrags, indem er zum Brot für andere wurde. Reich und glücklich wird man nicht im Lotto. Geben, Schenken, anderen etwas Liebes tun – das ist das eigentlich Erfüllende im Leben!

Ein jeder von uns soll dem Nächsten zu Gefallen leben, damit es zum Guten führe, zur Erbauung. (Brief an die Römer 15,2)

RICHTIG MITLEIDEN

Entziehen Sie sich einem trauernden, enttäuschten Menschen nicht! Lassen Sie ihn jetzt nicht allein! Trösten Sie! Sie können es! Sie müssen sich nur an das erinnern, worin Sie getröstet sind – ganz tief, auf dem Grund Ihrer Seele. Verlieren Sie sich nicht an die Trauer des anderen. Bleiben

Sie ganz bei sich, bei Ihrer Gewissheit – und teilen Sie davon mit. Das hilft.

Er tröstet uns in all unserer Drangsal, damit auch wir diejenigen, die in irgendwelcher Bedrängnis sind, zu trösten vermögen mit dem Trost, durch den wir selbst von Gott getröstet werden. (Zweiter Brief an die Korinther 1,4)

UNTER WETTBEWERBSBEDINGUNGEN

Geben Sie Ihrem Glauben ruhig eine »sportive« Note. Ihre Eltern haben es geschafft, Ihnen den Glauben an Gott zu vermitteln, warum sollten Sie es nicht schaffen, ihn Ihren Kindern weiterzusagen? Vergleichen Sie die Situation Ihres christlichen Umfeldes mit den Jungen Kirchen, in denen der christliche Glaube blüht. Und wenn in Ihrer Nachbargemeinde mehr los ist – dann dürfen Sie sich sehr wohl im Wettbewerb fühlen!

Lasst uns aufeinander Acht geben, um zu wetteifern in der Liebe und in guten Werken. (Brief an die Hebräer 10,24)

VORBILDLICH

Gehen Sie die Menschen durch, mit denen Sie verbunden sind – ihre Namen, ihre Gesichter! Und überlegen Sie, was Sie an Ihnen haben und was Sie für diese Menschen bedeuten: Vielleicht ist es ein Kind, das ausgerechnet Sie zum Vorbild genommen hat, das auf Sie schaut und an Ihnen wächst. Oder Sie schulden einem Kind etwas, genau deshalb, weil es an Ihnen kein Vorbild hat.

So richtet euch gegenseitig auf und erbaut einander. (Erster Brief an die Thessalonicher 5,11)

ALLES VERWANDTE!

Gehen Sie heute mit einem Mix aus Liebe und Ehrfurcht in die Begegnungen, die dieser Tag für Sie bereithält. Bringen Sie den Menschen Sympathie entgegen, denen Sie Weisung erteilen! Lernen Sie von denen, denen Sie etwas beibringen sollen! Haben Sie eigentlich schon einmal daran gedacht, dass Sie durch die Taufe mit Ihren Mitchristen unendlich tief verbunden sind? Tiefer noch als mit Ihrem Vater, Ihrer Mutter, Ihren Geschwistern, Ihren Kindern?

Einen älteren Mann fahre nicht hart an, sondern ermuntere ihn wie einen Vater, jüngere Männer wie Brüder, ältere Frauen wie Mütter, jüngere wie Schwestern in aller Zurückhaltung. (Erster Brief an Timotheus 5,1–2)

EINE FRAGE DES LIFESTYLES

Lesen Sie einmal in den Evangelien nach, auf welche Weise Jesus seinen Jüngern Liebe erwiesen hat! Er hat sie zu sich gerufen, sie in seiner Nähe wohnen lassen; er hat für sie gesorgt, sie belehrt; er hat Freundschaft gelebt, hat gesund gemacht und aufgerichtet, hat seinen Jüngern die Füße gewaschen. Und schließlich: Er hat sein Leben für sie gegeben. Überlegen Sie, wie Sie etwas vom lifestyle Jesu in Ihr Leben übertragen können.

Ein neues Gebot gebe ich euch, dass ihr einander liebet. Wie ich euch geliebt habe, so sollt auch ihr einander lieben. (Evangelium nach Johannes 13,34)

BEURTEILUNGSKRITERIEN

Lassen Sie sich nicht von Äußerlichkeiten blenden, und lassen Sie sich nicht vom großen Auftritt bestimmter Menschen bluffen! Was Sie sind, was der andere ist, das entscheidet sich vor Gott. Vielleicht ist der große Heroe ein Würstchen – und die graue Maus eine bewundernswerte Heldin. Seien Sie daher vorsichtig in der Beurteilung anderer Menschen, und denken Sie immer daran, dass Gott Ihnen dabei gewissermaßen über die Schulter schaut – mit seiner besseren Kenntnis des menschlichen Herzens.

Urteilt nicht nach dem Äußeren, sondern fällt ein gerechtes Urteil. (Evangelium nach Johannes 7,24)

DAS POSITIVE SEHEN!

Machen Sie andere nicht dauernd herunter; bauen Sie die Menschen Ihrer Umgebung auf! Loben Sie doppelt so oft, wie Sie kritisieren! Doch lügen Sie nicht beim Loben. Was schlecht ist, ist schlecht. Aber selbst die mieseste Firma, der stoffeligste Partner und das undankbarste Kind haben meistens auch liebenswerte und positive Eigenschaften. Die Marketingleute sagen: »Stärken stärken ist weitaus effizienter, als Schwächen erkennen und ausmerzen!«

Redet voneinander nicht schlecht. (Brief des Jakobus 4,11)

IN VERBINDUNG BLEIBEN

Vielleicht können Sie nicht viel Konkretes für Strafgefangene tun. Aber Sie könnten für sie beten; das tun gewiss wenige. Und wenn Sie einen Inhaftierten persönlich kennen, so lassen Sie den Kontakt nicht abreißen.

Gedenkt der Gefangenen, als wäret ihr mitgefangen. (Brief an die Hebräer 13,3)

IN DIESEM MOMENT

Rufen Sie sich immer wieder ins Bewusstsein, dass Gott Sie in diesem Augenblick voller Liebe anschaut! Meditieren Sie über diese Liebe und lassen Sie von dieser Meditation nicht ab, bis das Vertrauen auf die Liebe des gegenwärtigen, Sie meinenden Gottes stärker ist als Ihre Angst!

Euer Herz erschrecke nicht und verzage nicht. (Evangelium nach Johannes 14,27)

AUFRECHT GEHEN

Seien Sie bewusst ein Stabilitätsfaktor inmitten einer labilen Umwelt! Zeigen Sie Rückgrat! Lassen Sie sich nicht von schwankenden Mehrheiten umpusten! Stehen Sie zu Ihren Prinzipien, aber bleiben Sie dabei bescheiden!

Weiset die einen, die schwanken, zum Rechten. Rettet die andern und entreißt sie dem Feuer. (Brief des Judas 22–23)

EINFACH ZEIT HABEN!

Trainieren Sie Ihre Gastfreundlichkeit – beispielsweise wenn jemand in Ihr Büro hereinschneit und Sie von der Arbeit abhält! Sagen Sie sich: »Das kostet mich jetzt eine Viertelstunde!«. Räumen Sie Ihr Aktenpaket beiseite; bieten Sie ihm einen Kaffee an. Und haben Sie einfach Zeit!

Seid gastlich gegeneinander, ohne Murren. (Erster Brief des Petrus 4,9)

KONSTRUKTIV DENKEN

Üben Sie keine vernichtende Kritik, denken Sie konstruktiv! Richten Sie Menschen auf, statt sie zu knicken! Verbieten Sie sich jede Form von Kritik, die Menschen niedermacht, statt sie zu ermutigen und aufzubauen. Mutter Teresa sagte einmal: »Lass keinen Menschen zu dir kommen, der trauriger wieder von dir weggeht, als er gekommen ist!«

Kein böses Wort komme aus eurem Mund, sondern nur ein gutes, das erbaut, wo es Not tut, damit es denen, die zuhören, Segen bringe. (Brief an die Epheser 4,29).

INPUT & OUTPUT

Vergessen Sie vor lauter Nächstenliebe nicht, dass auch Mitchristen manchmal Beistand brauchen – gerade die »Selbstlosen«! Gerade in Familien und Gemeinden gibt es Menschen, die immer nur »Input« geben – und nie etwas zurückbekommen.

So lasst uns denn, solange wir Zeit haben, Gutes tun an allen, besonders aber an den Glaubensgenossen. (Brief an die Galater 6,10)

NAGELPROBE

Denken Sie immer daran: Es gibt keine andere Nagelprobe für Ihren Glauben als das Zwischenmenschliche. Wer unausstehlich ist, wer mit keinem kann, wem es keiner recht machen kann, wer überall nur Streit und Zwietracht sät, kann sich nicht aus der bösen Welt auf seine Frömmigkeit zurückziehen. Liebe heißt doch: Jemanden so annehmen, wie er ist. Wer mit seinen Zeitgenossen nicht kann, kann vermutlich auch nicht mit Gott.

Wenn jemand sagt: »Ich liebe Gott«, jedoch seinen Bruder hasst, der ist ein Lügner. Denn wer seinen Bruder nicht liebt, den er sieht, der kann Gott nicht lieben, den er nicht sieht. (Erster Brief des Johannes 4,20)

Seien Sie tolerant. Lassen Sie Mitchristen, die nicht so gesinnt sind wie Sie, auf ihre Weise den Glauben leben. Die Art, den Glauben zu leben, die Sie praktizieren, ist nicht besser, sondern es ist nur ein anderer Stil. Bedenken Sie, dass es schon unter den Aposteln einen heftigen Richtungsstreit gegeben hat. Vergessen Sie nicht, dass sich wahre Christenmenschen dadurch auszeichnen, dass sie einander trotz ihrer Meinungsverschiedenheiten akzeptieren und bejahen, weil sie wissen, dass sie in den elementaren Dingen ohnehin der gleichen Meinung sind. Und wahrscheinlich zählt der liebe Gott nicht nach dogmatischer Perfektion, sondern nach dem Maß, mit dem einer geliebt hat.

✶

Lassen Sie Ihre Kinder entscheiden. Schreiben Sie Ihren Kindern nicht immer vor, welche Sendungen sie sich im Fernsehen ansehen dürfen und welche nicht. Lassen Sie die Kinder selber entscheiden. Vereinbaren Sie aber mit ihnen, dass sie in problematischen Fällen, wenn es sich nicht um eine Musiksendung oder um die Übertragung einer Sportveranstaltung handelt, drei gute Argumente bringen müssen, die es rechtfertigen, diese Talkshow, jenes umstrittene Theaterstück oder irgendeinen Horrorfilm anzusehen.

✶

Grüßen Sie. Menschen, die einander nicht kennen, gehen im Allgemeinen grußlos aneinander vorüber. Im großen

Menschengewühl der Großstadt ist dies auch sinnvoll, denn da entstünde nur ein heilloses Durcheinander, wenn jeder von jedem Notiz nähme. Aber im kleineren Rahmen müsste es nicht so sein: in der Firma, in der Sie arbeiten, im Viertel, in dem Sie wohnen, in der Straße, in der Ihr Haus steht. Gehen Sie offen und freundlich an den Menschen vorüber, denen Sie begegnen. Nicken Sie Ihnen zu, sagen Sie »Guten Tag!« und grüßen Sie auch Menschen, die Sie nur vom Sehen kennen. Das ist ein Zeichen dafür, dass jeder Mensch in den Augen Gottes unendlich kostbar und darum grüßenswert ist.

✶

Seien Sie tolerant. Lassen Sie dem Anderen seine Eigenheiten. Nehmen Sie zur Kenntnis, dass nicht alle nach der gleichen Fasson selig werden müssen. Unterlassen Sie es, an Ihrem Mitmenschen herumzunörgeln, weil er nicht aus dem gleichen Holz geschnitzt ist wie Sie und manches anders macht, als Sie es machen würden.

✶

Schubsen Sie einen Stein vom Herzen. Gehen Sie nicht mit Scheuklappen durch den Alltag. Finden Sie heraus, welcher Stein Ihren Freunden auf dem Herzen liegt. Werden Sie hellhörig, wenn Ihnen jemand sein Leid klagt. Versuchen Sie herauszufinden, was Sie im konkreten Fall tun können, und dann tun Sie es – auch wenn Sie im Moment vielleicht nichts anderes tun können, als zu sagen: »Ich bin für dich da, wenn du etwas brauchst.« Schon Ihre Bereitschaft zu helfen wird für den Anderen eine große Hilfe sein.

✶

Verabschieden Sie sich. Verschwinden Sie nicht sang- und klanglos, wenn Sie eine größere Reise unternehmen. Sagen Sie Ihren Verwandten und Freunden Bescheid. Teilen Sie Ihren Nachbarn mit, dass Sie mehrere Tage oder einige Wochen lang nicht da sein werden. Verabschieden Sie sich von ihnen.

✶

Trinken Sie mit jemandem eine Flasche Wein. Sie haben einen Grund zum Feiern. Es ist ein besonderer Gedenktag. Es ist auf den Tag genau ein Jahr her, dass Sie Ihr Freund gewarnt hat, in die Firma einzutreten, bei welcher Sie sich bewerben wollten. Sie hatten nicht den Durchblick, aber Sie sind seinem Rat gefolgt. Ihm haben Sie es zu verdanken, dass Sie jetzt nicht auf der Straße stehen. Sie wissen, dass er gute Weine mag. Besorgen Sie eine Flasche exquisiten französischen Rotwein, laden Sie ihn ein und trinken Sie auf sein Wohl.

✶

Holen Sie Versäumtes nach. Sie haben es leider versäumt, einem Menschen zu danken, der Sie aus einer verzwickten Situation herausgeholt hat. Macht nichts. Holen Sie es bei nächster Gelegenheit nach.

✶

Tragen Sie die Einkaufstasche. Sehen Sie nicht tatenlos zu, wie sich eine alte Dame mit ihrer schweren Einkaufstasche abmüht. Nehmen Sie sich die paar Minuten und bringen Sie die Tasche gleich in ihre Wohnung.

✶

Nehmen Sie eine Fernsehsendung auf Video auf. Ermöglichen Sie einer Nachbarin, die an diesem Wochenende verreist ist und vermutlich erst spät abends nach Hause kommen wird, ihre Lieblingssendung zu sehen. Erweisen Sie dieser Dame, die immer mit großem Interesse die »Lindenstraße« sieht und sich keine Folge entgehen lässt, diese kleine Aufmerksamkeit. Legen Sie eine Kassette in den Videorecorder und zeichnen Sie die Lieblingssendung auf.

✶

Sprechen Sie einem ängstlichen Menschen Mut zu. Verstärken Sie nicht die Ängste und Bedenken, die er sowieso schon hat, sondern sagen Sie: »Kopf hoch! Das wirst du schon schaffen. Das haben schon andere fertiggebracht, die nicht so begabt und klug waren wie du.«

✶

Vertrauen Sie einem Jugendlichen. Lassen Sie einmal einen Jugendlichen ran, wenn Ihr PC das nächste Mal seinen Geist aufgibt. Setzen Sie Vertrauen in seine Fähigkeiten; gestehen Sie ihm Ihre technischen Wissenslücken ein, lassen Sie sich von ihm belehren und honorieren Sie ihn anständig.

✶

Machen Sie ein Raster mit Beziehungswörtern. Nehmen Sie sich Zeit für eine kleine Meditationsübung. Sie dient der Entspannung, hilft Ihnen Gedanken zu ordnen, neue Verknüpfungen zu finden und ein Problem nicht nur vom Verstand her, sondern auch auf der Gefühlsebene anzugehen. Schreiben Sie ein Wort in Großbuchstaben auf ein Blatt Papier. Zum Beispiel das Wort »HOFFNUNG«. Suchen Sie andere Wörter, die zu diesem Wort passen und einen bestimmten Aspekt, der für Sie wichtig ist, ausdrücken. Jedes dieser Worte muss mindestens einen Buchstaben des Grundwortes enthalten. Schreiben Sie es senkrecht dazu, sodass ein Wort das andere Wort überschneidet. Am Ende werden Sie ein Beziehungsgeflecht vor sich haben, in dem etwas von Ihrer Hoffnung konkrete Gestalt bekommen hat. Fortgeschrittene werden sich bemühen, Wörter zu suchen, die sowohl senkrecht dazu passen, aber auch ermöglichen, weitere sinnvolle Wörter als Querverbindungen zwischen den Buchstaben der senkrecht stehenden Wörter zu finden.

						L	
					G	E	
				I	L	B	S
	L		O	N	A	E	E
H	O	F	F	N	U	N	G
E	S	R	F	I	B		E
I	L	E	E	G	E		N
M	A	U	N		N		
A	S	D					
T	S	E					
	E						
	N						

*

Laden Sie jemanden zum Theaterbesuch ein. Warum sollten Sie allein ins Theater gehen? Sie kennen doch sicher jemand, der ebenso viel Freude daran hat wie Sie – vielleicht einen älteren Menschen, der nicht mehr so oft vor die Tür kommt und Schwierigkeiten hat, die Initiative zu ergreifen. Laden Sie diesen Menschen zu einem Theaterbesuch ein (»... da habe ich an Dich gedacht!«). Es wird auch für Sie selber ein schöner Abend sein.

Aktivieren Sie Ihr zwischenmenschliches Immunsystem. Sie haben entdeckt, dass Sie auf gewisse Dinge, die von Ihren lieben Mitmenschen kommen, so reagieren, wie der Organismus auf einen Bazillus reagiert. Es sind nicht nur harmlose Störungen Ihres Wohlbefindens, die Sie erleben, sondern Sie geraten regelmäßig in Weißglut und bekommen in solchen Fällen ein für Sie typisches Nervenfieber. Beginnen Sie damit, Ihr Reaktionsmuster langfristig zu ändern. Reagieren Sie nicht auf jede Stichelei mit Ärger und Wut. Vergeben Sie sich einen Pluspunkt, wenn es Ihnen gelungen ist, einen Angriff auf sich sitzen zu lassen und nicht gleich wieder mit einem Gegenangriff zu antworten, der meistens einen weiteren Gegenangriff auslöst und das Spiel ins Unendliche fortsetzt. Sehen Sie zu, dass Sie von Monat zu Monat mehr solcher Pluspunkte für sich notieren können.

*

Gehen Sie einen Tag lang durch die Welt, als wären Sie Jesus. Machen Sie folgendes Experiment. Versetzen Sie sich in die Rolle Jesu. Denken Sie, er sei heute wiedergekommen und Sie stünden in seiner Rolle. Stellen Sie am eigenen Leib fest, wie Jesus in dieser Welt behandelt wird. Wie man mit Ihnen umgeht, so geht man in Wirklichkeit mit ihm um. Machen Sie es sofort den anderen nach, wenn deren Verhaltensweisen für Sie okay sind, und machen Sie das genaue Gegenteil, wenn Sie etwas Schlimmes erlebt haben. Denn alle anderen, die Ihnen begegnen, sind natürlich ebenfalls niemand anders als der (als ein ganz gewöhnlicher Mitmensch verkleidete) Jesus, der Ihnen an allen Ecken und Enden begegnet.

*

Machen Sie auf, wenn es klingelt. Weisen Sie einem ungebetenen Besuch nicht die Tür. Nehmen Sie sich Zeit für sein Anliegen. Reden Sie freundlich mit ihm.

*

Reden Sie ruhig über das Wetter. Haben Sie keine Scheu davor, auch über ganz banale Dinge zu reden, wenn Sie auf einer Party von jemandem angesprochen werden oder sonst wo mit jemandem in Kontakt kommen, der Ihnen bis jetzt völlig unbekannt war. Lassen Sie Ihren Gesprächspartner spüren, dass Sie ihn ernst nehmen und sich ihm als Mensch zuwenden.

*

Lesen Sie einem Blinden vor. Es ist eine gute Sache, wenn Sie einem Blinden behilflich sind, das vielfältige Angebot im Internet zu nutzen, und per Mausklick irgendwelche interessante Audiodateien herunterladen, die er sich anhören kann. Aber bei allen technischen Möglichkeiten, die unsere elektronischen Medien bieten, bleibt das direkt gesprochene Wort, das vom Mund des Sprechers in das Ohr des Sprechers dringt, immer noch die Nummer eins unter allen Formen menschlicher Kommunikation. Setzen Sie sich hin und lesen Sie einem Blinden selber vor. Es spielt keine Rolle, dass Sie das nicht so perfekt können wie die Sprecherinnen und Sprecher im Rundfunk.

*

Zügeln Sie Ihre Geltungssucht. Niemand zwingt Sie, der Schönste, der Beste und der Größte zu sein. Und niemand kann Sie daran hindern, jemand Anderen gelten zu lassen, obwohl Sie meinen, schöner, besser und größer zu sein. Zügeln Sie also Ihre Geltungssucht und lassen Sie auch die Anderen gelten.

Klären Sie ein Missverständnis auf. Sie sitzen im Zug und werden Zeuge, wie zwei Menschen einander fast in die Haare geraten, weil jede der beiden meint, vom anderen vorsätzlich brüskiert worden zu sein. In Wirklichkeit handelt es sich aber nur um ein simples Missverständnis, weil der eine offensichtlich etwas ganz anderes verstanden hat, als der andere gesagt hat. Mischen Sie sich ein und werden Sie aus gegebenem Anlass zu einem Werkzeug des Friedens und der Versöhnung.

✶

Bleiben Sie sitzen. Sie sitzen in einer Planungsrunde und haben das untrügliche Gefühl, Ihre Zeit zu verschwenden. Am liebsten würden Sie aufstehen und den Raum verlassen, nachdem der nächste Redner das Wort ergriffen und mit seinen Ausführungen begonnen hat. Bleiben Sie sitzen und hören Sie zu. Auch wenn es Sie anödet. Manchmal ist der Erhalt eines guten menschlichen Klimas wichtiger als das effiziente Durchziehen eines Projektes.

✶

Hören Sie den Notschrei der Armen. Man kann es nicht aushalten: die schrecklichen Bilder von der Not in der Welt – und müsste es doch tun. Dann tun Sie es hin und wieder gezielt. Machen Sie eine ganz persönliche Aktionswoche. Lesen Sie über einen begrenzten Zeitraum ganz gezielt die Zeitungen. Schalten Sie beim Fernsehen nicht weg, wenn aus Krisenregionen berichtet wird. Werfen Sie Spendenaufrufe nicht ungelesen in den Papierkorb. Finden Sie heraus, in welchen Ländern und Weltgegenden es derzeit aktuelle Notlagen gibt und welche Hilfsorganisationen dort tätig sind. Sprechen Sie mit Ihrer Familie, Ihrem Partner, mit Bekannten darüber und regen Sie an, mit Ihnen gemeinsam zu spenden. Oder regen Sie zu einer gemeinsamen Aktion an. Mit Ihren Kindern könnten Sie beispielsweise die monströse Chinavase, alte Bücher, die unbenutzten Fahrräder in der Garage und den Krimskrams aus dem Keller auf dem nächsten Flohmarkt versilbern.

*

Behandeln Sie einen Bettler nicht wie einen Bettler. Betrachten Sie den Obdachlosen, der Sie auf der Straße anbettelt, als Menschen. Nehmen Sie ihn in seiner Würde wahr. Behandeln Sie ihn nicht von oben herab. Werfen Sie die Münze, die Sie sich entschlossen haben, ihm zu geben, nicht einfach in seinen Hut oder in die Schale, die vor ihm auf dem Boden steht. Geben Sie sie ihm mit Bedacht. Sehen Sie dem Bettler in die Augen. Sagen Sie ihm etwas Nettes. Sagen Sie zum Beispiel: »Verdammt kalt heute – oder?« oder »Machen Sie sich eine Freude damit!« Oder sagen Sie: »Ich hoffe, dass Sie wieder bessere Zeiten erleben können.«

*

Lassen Sie sich zum Kaffee einladen. Der Kollege von der Firma in der Nachbarstadt, mit dem Sie schon öfter beruflich zu tun hatten, möchte Sie zum Kaffee einladen. Sie haben überhaupt keine Lust und genau genommen auch gar keine Zeit, Sie merken jedoch, dass der andere offensichtlich ein großes Bedürfnis hat, einfach mit jemandem zu reden. Überwinden Sie sich und opfern Sie die halbe Stunde, um die Sie früher nach Hause gekommen wären. Nehmen Sie die Einladung an.

*

Veranstalten Sie einen DVD-Abend. Alle wirklich guten Filme gibt es heute zum Ausleihen auf DVD. Normalerweise verstärkt das die Einsamkeit, denn die meisten Leute leihen sich die DVD aus, um sie sich »irgendwann mal reinzuziehen«. Machen Sie etwas Kommunikatives daraus. Laden Sie zwei oder drei Leute ein, die sich ebenfalls für diesen Film begeistern, und sehen Sie sich den Film gemeinsam an. Sie können eine gute Flasche Wein dazu trinken und sich hinterher wunderbar über den Film austauschen. Und Sie sind sich näher gekommen, wo Sie sich sonst Ihren Mitmenschen entzogen hätten.

*

Lassen Sie sich helfen. Gehören Sie zu den Menschen, die häufiger sagen: »Wenn ich es selber mache, dann weiß ich, dass es gemacht ist«? Sehen Sie zu, dass Sie nicht daran zugrunde gehen! Geben Sie anderen Leuten eine Chance. In der Schule, im Beruf, im Alltag. Wenn Sie älter und vielleicht im Krankenhaus sind, achten Sie darauf, dass Sie nicht zu den eigensinnigen Patienten gehören. Machen Sie kein Drama daraus, wenn Ihr Brillenetui nicht auf den Millimeter genau so auf dem Nachtkästchen liegt, wie Sie es vorher hatten. Nehmen Sie die Hilfe an, die Ihnen angeboten wird. Sich helfen zu lassen, ist keine Schande. Seien Sie dankbar, dass es »gute Geister« gibt, die Ihnen Beistand leisten.

*

Gehen Sie mit einem Lächeln zum Frühstückstisch. Sie motivieren sich durch hochgezogene Mundwinkel selbst und erleichtern Ihren Mitmenschen den Start in den Tag. Bedenken Sie, dass der Mensch im Allgemeinen nicht in der Lage ist, in einen anderen hineinzusehen, sodass die anderen gar nicht ahnen können, dass Sie im Grunde Ihres Herzens ein netter und fröhlicher Mensch sind, wenn Sie es nicht zeigen. Bedenken Sie weiter, dass man Ihr griesgrämiges Gesicht bereits zur Genüge kennt. Dafür brauchen Sie keine Reklame mehr zu machen.

✶

Geben Sie keine falsche Auskunft. Sie wissen es leider nicht. Sie haben zwar eine gewisse Vermutung, aber Sie könnten sich irren. Schicken Sie den Menschen nicht aus lauter Höflichkeit und um Ihre Hilfsbereitschaft zu bekunden in die falsche Richtung. Bleiben Sie bei der Wahrheit. Sagen Sie: »Es tut mir Leid, aber ich weiß es nicht.«

✶

Stellen Sie eine Frage. Geben Sie einem anderen Menschen das Gefühl, dass Sie an ihm interessiert sind und seine Ansichten über dieses und jenes erfahren möchten. Sagen Sie zum Beispiel: »Oma, wie war es für dich, als du zum ersten Mal in einem Flugzeug gesessen hast und die Wolken von oben gesehen hast?« Oder: »Papa, hast du schon mal an Gott gezweifelt?«

✶

Aktivieren Sie Ihre Zahlungsfähigkeit. Jeder Bankrotteur weiß: Wenn ich nichts habe, kann mir das Finanzamt auch nichts abknöpfen. Obwohl wir schon längst im Zeitalter der Demokratie leben, drücken wir diese Tatsache, die eben schon immer eine solche war, mit den Worten aus: »Wo nichts ist, hat der Kaiser das Recht verloren.« Was für den Kaiser gilt, gilt aber nicht unbedingt auch für Gott. Wenn Sie ernst nehmen, was Sie im Glauben bekennen, dann müsste Ihnen eigentlich klar sein, dass Sie alles, was Sie sind und haben, Gott zu verdanken haben. Er ist Ihr himmlischer Vater, Sie sind sein Kind, das er liebt. Alles, was er Ihnen gegeben hat, ist ein Geschenk seiner Liebe. Aber selbst wenn Sie der ärmste Mensch auf der Welt wären und der Finanzminister Sie längst vergessen hätte: Gott gegenüber sind Sie zahlungsfähig. Seine Liebe können Sie ihm jederzeit »zurückzahlen« oder dorthin zahlen, wo es ihm gefällt. Lassen Sie sich die Gelegenheit nicht entgehen, Gott seine Liebe mit gleicher Münze heimzuzahlen. Aktivieren Sie Ihre Fähigkeit, für andere da zu sein: Lieben Sie Ihren Nächsten – nach allen Regeln der Kunst.

*

Schenken Sie einem Menschen Beachtung. Sagen Sie einem Menschen, den Sie erst einmal getroffen haben, beim Wiedersehen, dass Sie ihn wieder erkannt haben. Nennen Sie ihn bei seinem Namen. Merken Sie sich Namen von Menschen.

*

Interessieren Sie sich für Krankengeschichten. Fragen Sie die alte Dame nicht nur aus Höflichkeit, wie es ihr geht. Hören Sie ihr zu, wenn sie Ihnen ausführlich von ihren kleineren und größeren Wehwehchen erzählt. Seien Sie nicht ungeduldig. Respektieren Sie, dass Fragen der Gesundheit für ältere Menschen viel wichtiger sind als für Sie.

5. Seien Sie ein Engel im Alltag!

JETZT TEILEN!

Checken Sie einmal durch, was Sie zu viel haben in Ihrem Haushalt und wer davon profitieren könnte (die Caritas beispielsweise, ein Asylantenwohnheim, ein Kinderheim, ein junges Paar, das sich gerade einrichtet). Nutzen Sie die Langlaufskier noch, die bei Ihnen im Keller stehen? Vielleicht haben Sie Wohnraum, den Sie nicht mehr benötigen und den Sie zur Verfügung stellen könnten. Denken Sie daran, dass es von den Christen der Urgemeinde heißt: »Sie hatten alles gemeinsam.«

Wer zwei Röcke hat, der gebe davon dem, der keinen hat; und wer zu essen hat, der mache es ebenso. (Evangelium nach Lukas 3,11)

KLEINE DIENSTE

Auch wenn Sie weit oben in der Hierarchie stehen: Stehlen Sie sich nicht davon, wenn es um die kleinen Dienste geht, die überall dann gefragt sind, wo Menschen zusammenkommen – Vorbereiten, Planen, Besorgungen machen, einen Tisch decken – Abräumen, Spülen, wieder für Ordnung sorgen. Im Reich Gottes gibt es keine »kleinen Jobs« – und wo Christus uns schon die Füße gewaschen hat, ist eine Das-macht-das-Dienstmädchen-Mentalität deplatziert.

Wenn nun ich eure Füße gewaschen habe, als der Herr und als der Meister, seid auch ihr verpflichtet, einander die Füße zu waschen. (Evangelium nach Johannes 13,14)

LERNPROGRAMM LIEBE

Arbeiten Sie dauerhaft daran, ein liebevoller Mensch zu werden. Liebevoll ist man dann, wenn man sensibel ist und feinfühlig, nicht unangemessen hart und auf seinen Vorteil bedacht. Liebevoll ist man, wenn man dem anderen zuvorkommt, ihn in seiner Eigengestalt sieht und annimmt. Ein liebevoller Mensch will Freude machen. Denken Sie daran, wie Sie heute liebevoll mit anderen, aber auch mit sich umgehen können.

Jagt der Liebe nach. (Erster Brief an die Korinther 14,1)

ÜBER DAS SACHLICHE HINAUS

Bemühen Sie sich heute einmal, einem Menschen liebenswert zu erscheinen, der Sie für einen ausgemachten »Unsympathen« hält! Gehen Sie einen Schritt auf ihn zu; bleiben Sie bei ihm stehen; fragen Sie ihn etwas, was über den sachlichen Zusammenhang hinausgeht, der Sie zusammenführt.

Seht zu, dass nicht einer dem andern Böses mit Bösem vergelte, sondern befleißigt euch allezeit des Guten gegeneinander und gegen jedermann. (Erster Brief an die Thessalonicher 5,15)

BITTE AKZEPTIEREN!

Versuchen Sie nicht, andere Menschen nach Ihrem Bild zu verändern! Das gilt gerade dort, wo Sie sehr eng miteinander leben: in einer Beziehung, einer Ehe, einer Familie. Sie können den anderen liebevoll (bei Kindern auch einmal durch liebevolle Strenge) korrigieren, aber Sie können ihn nicht mit Gewalt und Psychodruck verändern. Bedenken Sie: Gott nimmt auch Sie an mit all Ihren (für Ihre Mitmenschen vielleicht schwer verdaulichen) Ecken und Kanten. Er akzeptiert Sie, wie Sie sind.

Darum nehme einer den andern an, wie auch Christus euch angenommen hat zur Verherrlichung Gottes. (Brief an die Römer 15,7)

ANLAGETIPP

Eröffnen Sie ein Konto im Himmel! Bargeld wird nicht angenommen. Aber Taten der Liebe, geduldig ertragene Leiden, Anstiftungen zu Frieden, heimliche Versöhnungen, Freude aus Glauben, Gewährung von Gastfreundschaft, Vermittlung von Hoffnung, Nehmen von Angst, Zeugnisse des Glaubens, Zeit für Gott. Wie gesagt: Bargeld wird nicht angenommen. Andere Einzahlungen sind hochlukrativ. Die Verzinsung ist unvergleichlich gut.

Sammelt euch nicht Schätze auf Erden, wo sie Motte und Rost verzehren und wo Diebe einbrechen und stehlen, sondern sammelt euch Schätze im Himmel, wo sie weder

Motte noch Rost verzehren und wo Diebe nicht einbrechen und stehlen. (Evangelium nach Matthäus 6,19–20)

OFFROAD

Ihr Christsein werden Sie nicht in der Sakristei beweisen können. Es findet da statt, wo es in Ihrem persönlichen Umfeld beispielsweise seelische oder materielle Not gibt. Es ereignet sich, wo Sie Zeit für einen anderen Menschen einräumen, wo Sie einem Geplagten zuhören, für einen Ratlosen mitdenken, Ihre materiellen Mittel mit Bedürftigen teilen.

Lautere und unbefleckte Frömmigkeit vor Gott und dem Vater ist diese: Waisen und Witwen in ihrer Drangsal aufzusuchen und sich selbst unbefleckt zu bewahren von dieser Welt. (Brief des Jakobus 1,27)

SPONTAN!

Lassen Sie Ihr Herz entscheiden, wenn Ihnen demnächst die Toilettenfrau die Büchse hinhält, Ihnen ein bettelnder Zirkusangestellter oder ein russischer Straßenmusikant begegnet! Wischen Sie Ihre rationalen Einwände einmal beiseite. Egal, warum jemand auch immer »unter die Räuber« gefallen ist und ob er selbst dran schuld ist und ob der moderne Versorgungsstaat auch für die konkrete Schieflage einem Topf hat – seien Sie trotzdem einmal wieder bewusst und spontan barmherzig, einfach als persönliches Zeichen gegen die Kälte unter uns.

Jesus fragte: »Wer von diesen drei hat sich nach deiner Meinung als der Nächste erwiesen an dem, der unter die Räuber gefallen war?« Der Gesetzeslehrer antwortete: »Der Barmherzigkeit übte an ihm.« Da sagte Jesus zu ihm: »Geh hin und tue desgleichen.« (Evangelium nach Lukas 10,36–37)

MISCHEN SIE SICH EIN!

Mischen Sie sich ein in fremde Lebensgeschichten! Sie sind Christ, d.h.: Sie sind verantwortlich. Streichen Sie Sprüche wie »Ist nicht mein Ding«, »Jeder ist sich selbst der Nächste« und »Jeder muss selbst sehen, wo er bleibt« konsequent aus Ihrem Sprachschatz. Und wenn es sein muss, müssen Sie sogar ganz tief einsteigen und einem Menschen, den Sie auf einem unheilvollen Weg sehen, richtig ins Gewissen reden.

Wer einen Sünder von seinem Irrweg zurückführt, wird seine Seele vor dem Tod erretten und eine Menge von Sünden zudecken. (Brief des Jakobus 5,20)

UNTER VIER AUGEN

Nehmen Sie sich einmal einen Menschen – sei es in der Familie, sei es im Unternehmen – beiseite, der die Gruppe immer wieder durch seine negative und provozierende Art herunterzieht. Erklären Sie ihm liebevoll, dass es der Gruppe nur nützt, wenn seine Kritik ein aufbauender Dienst an der Gemeinschaft ist. Nehmen Sie ihn an und helfen Sie ihm, einen konstruktiven Stil zu finden.

Nehmt euch in Acht vor denen, die Zwietracht und Ärgernisse anrichten im Widerspruch zu der Lehre, die ihr empfangen habt. Geht ihnen aus dem Wege. (Brief an die Römer 16,17)

DEN NÄCHSTEN IM AUGE

Nehmen Sie sich heute (oder für den nächsten Tag) vor, der »positive Faktor« an Ihrer Arbeitsstelle zu sein, einfach indem Sie ein Auge für Ihre Mitmenschen haben. Jeder braucht auf eine andere Weise Ihre Hilfe und Unterstützung. Dem einen können Sie helfen, indem Sie ihn ein Stück weit aus seinem unordentlichen »Verhau« helfen; der andere braucht ein bisschen Zuspruch und Ermutigung; wieder ein anderer braucht es, dass Sie mal zwei Augen zudrücken. Fragen Sie sich am Ende des Tages, was Sie erlebt haben. Es wird Sie überraschen!

Weiset die Ungeordneten zurecht, tröstet die Kleinmütigen, nehmt euch der Schwachen an, habt Nachsicht mit allen. (Erster Brief an die Thessalonicher 5,14)

ANLAUFSTELLE

Gehen Sie offen und herzlich auf neu Zugezogene zu. Zeigen Sie ihnen mit kleinen hilfreichen Gesten (einer kopierten Liste für die Behördengänge, Tipps, wo man einkaufen, an wen man sich wenden kann, wo man gut schwimmen, spazierengehen, essen kann), dass sie willkommen sind. Sie müssen nicht mit der Tür ins Haus fallen. Aber ein freundliches Grüßen und ein Gespräch über den Gartenzaun hinweg bewirkt, dass sich fremde Menschen rasch in ihrer neuen Umgebung zu Hause fühlen.

So nehmt meinen Bruder, Mitarbeiter und Mitkämpfer Epaphroditus nun auf im Herrn mit aller Freude, und haltet solche Männer in Ehren. (Brief an die Philipper 2,29)

WERFEN SIE IHR GELD HINAUS!

Geben Sie nicht nur – geben Sie mit Freude! Natürlich müssen Sie rechnen mit Ihrem Geld, und es ist keineswegs der Sinn der Sache, dass Sie sich zu ruinösen karitativen Spontanaktionen hinreißen lassen. Entscheidend ist: Lassen Sie Ihr Herz sprechen – nicht nur Ihren ökonomischen Sachverstand. Wenn Ihnen Ihr Herz sagt, dass Sie großherzig sein sollen, dann tun Sie es! Geben Sie ohne Berechnung. Was Ihnen Gott zurückgibt, können Sie nicht berechnen – nur rechnen Sie damit, dass ER großherzig ist und sich in punkto Güte nicht übertreffen lässt.

Jeder gebe, wie er es in seinem Herzen sich vorgenommen hat, nicht mit Unlust oder aus Zwang; denn einen freudigen Geber hat Gott lieb. (Zweiter Brief an die Korinther 9,7)

VOM HERZEN HER

Nichts ist ein sinnloseres Phänomen als ein unbarmherziger Christ. Denken Sie an das gigantische Volumen dessen, was Ihnen schon von Gott und anderen Menschen verziehen wurde! Aber verzeihen Sie nicht nur, sondern vergessen Sie auch!

Seid gütig gegeneinander, barmherzig, einander verzeihend, so wie auch Gott euch verziehen hat in Christus. (Brief an die Epheser 4,32)

LAST AUFNEHMEN

Schauen Sie, ob Ihnen heute wenigstens einmal der Satz gelingt: »Kann ich Ihnen etwas abnehmen?« Das ist ein kostbares, irritierendes Zeichen in einer Gesellschaft, wo jeder nur schaut, dass er auf seine Kosten kommt. Dieses Zeichen gehört zur »Pflicht« – nicht zur »Kür« des Christlichen. Fremde Lasten schultern, in der Familie, der Nachbarschaft, aber auch global – das ist die Erfüllung des Gesetzes Christi.

Einer trage des andern Last, und ihr werdet das Gesetz Christi erfüllen. (Brief an die Galater 6,2)

GASTFREUNDSCHAFT ÜBEN!

Sie sollten unbedingt ein Haus der offenen Tür führen! Im Johannesevangelium ist die Rede davon, dass bei Gott Wohnungen für uns bereitet sind. Also sollten Christen sich auch gegenseitig aufnehmen, sich Wärme und Geborgenheit schenken, gastfrei sein und sich gegenseitig beschenken. Ein guter Gastgeber weiß, was sein Gast braucht – er liest ihm jeden Wunsch von den Augen ab.

Seid um die Bedürfnisse der Heiligen besorgt, auf Gastfreundschaft bedacht. (Brief an die Römer 12,13)

SPENDEN!

Spenden Sie – und spenden Sie großzügig! Es gibt so viel Not in der Welt. Spenden Sie auch dann, wenn Sie gerade wenig Geld haben oder in einer finanziell labilen Situation leben oder Angst um die ökonomischen Rahmenbedingungen in der Zukunft haben. Sie müssen sich dabei nicht über Gebühr aus dem Fenster lehnen, aber Sie sollten es »spüren«. Es ist eine der großen Zusagen Jesu, dass Sie Ihr Geld mit Zins und Zinseszinsen zurückerhalten. Wenn Sie das nicht glauben, lesen Sie einmal die Lebensgeschichte von Mutter Teresa. Sie gab blind – und erhielt auf wunderbare Weise immer, was sie für sich und ihre Armen brauchte.

Gebt und es wird euch gegeben werden. (Evangelium nach Lukas 6,38)

FRIEDEN STIFTEN!

Stiften Sie Frieden in Ihrer Umgebung! In Ihrer Familie, Ihrem Freundeskreis, Ihrer Gemeinde kann keine lebendige

Beziehung zu Gott entstehen, wenn nicht ein Klima herzlicher und unbedingter gegenseitiger Annahme herrscht.

Strebt nach Frieden mit allen und nach Heiligung, ohne die niemand den Herrn schauen wird. (Brief an die Hebräer 12,14)

GOOD NEWS

Vermehren Sie in Ihrem persönlichen Umkreis die Menge an Hoffnung; stiften Sie Vertrauen in die Zukunft! Kindern beispielsweise vermittelt man keine Hoffnung, wenn man sich ständig über die katastrophalen Zustände in Politik und Gesellschaft auslässt. Stärken Sie lieber die Zuversicht in die Kräfte der Solidarität; zeigen Sie, wo etwas weitergeht und wie man da sinnvoll anpacken kann.

Wir wünschen aber, dass ein jeder von euch den gleichen Eifer zeige zur vollen Entfaltung der Hoffnung bis zum Ende. (Brief an die Hebräer 6,11)

WOHLWOLLEN VERSCHENKEN!

Verschenken Sie freimütig Liebe – an Sympathische und Unsympathische, an Ihnen nahe und Ihnen fern stehende Menschen, an gute und schlechte Nachbarn! Sie müssen niemanden umarmen, niemanden mit Gefühlen überschütten, die Sie nicht haben. Aber überwinden Sie in der Begegnung mit anderen das Niveau, auf dem man sagt: »Wie bekomme ich mein gutes Recht?« Seien Sie einen Schritt voraus. Suchen Sie das Beste für den anderen. Nehmen Sie ihn unendlich wichtig (so wichtig nämlich, wie Gott Sie und ihn nimmt) und bringen Sie ihm ein absolutes Wohlwollen entgegen.

Bleibt niemand etwas schuldig, außer dem, dass ihr einander liebt. Denn wer den Nächsten liebt, hat das Gesetz erfüllt. Denn die Gebote: »Du sollst nicht ehebrechen, nicht töten, nicht stehlen, nicht falsches Zeugnis geben, nicht begehren« und jedes andere Gebot ist in diesem einen Wort zusammengefasst: »Du sollst deinen Nächsten lieben wie dich selbst.« (Brief an die Römer 13,8–9)

SEGNEN SIE IHREN FEIND!

Während andere Ihrem Feind/Gegner/Wettbewerber die Pest an den Hals wünschen oder ihn gar durch Voodoo verzaubern lassen – entwickeln Sie eine alternative Strategie des Umgangs! Lassen Sie ihm einen Vorteil zukommen, beten Sie für ihn, segnen Sie ihn heimlich, versuchen Sie ihn zu verstehen, nutzen Sie eine Schwäche von ihm nicht gnadenlos aus, reden Sie mit ihm. Oft hat sich schon gezeigt: Aus schlimmsten Feinden können beste Freunde werden.

Wenn dein Feind hungert, gib ihm zu essen; wenn er dürstet, gib ihm zu trinken; denn tust du das, wirst du glühende Kohlen auf sein Haupt sammeln. (Brief an die Römer 12,20)

DEN FADEN NICHT ABREISSEN LASSEN!

Zetteln Sie keinen Streit an! Bauen Sie keine Fronten auf! Halten Sie sich weitgehend aus Parteienzwist heraus! Wenn Sie in einer total verkrachten Umgebung leben, sollten Sie der Mensch sein, der noch immer mit allen redet. Lassen Sie den Gesprächsfaden zu einem Opponenten nicht abreißen, auch wenn Sie dabei über mehr als eine Mauer steigen müssen.

Wenn möglich, haltet, soviel an euch liegt, Frieden mit allen Menschen. (Brief an die Römer 12,18)

Kümmern Sie sich um das Glück Ihres Haustiers. Behandeln Sie Ihren Hund und Ihre Katze nicht wie Hund und Katz, also nicht wie eine Sache, mit der man nach Belieben schalten und walten kann, sondern wie ein Mitgeschöpf, dessen Wohl Gott am Herzen liegt.

✶

Verschenken Sie ein Abonnement. Widmen Sie einem älteren, bedürftigen Mitglied Ihrer Pfarrgemeinde ein Geschenkabonnement der Kirchenzeitung. Kein Problem, wenn Sie keinen Menschen in Ihrer Umgebung kennen, auf den diese Beschreibung zutrifft. Erkundigen Sie sich beim Caritas-Ausschuss. Dort wird man Ihnen sofort jemanden nennen, den Sie auf diese Weise sinnvoll beschenken können.

✶

Sagen Sie einem Menschen, dass er einzigartig ist. Sagen Sie Worte, die das Herz eines Menschen öffnen. Drücken

Sie die positiven Gefühle, die Sie ihm gegenüber empfinden, mit Worten aus. Sagen Sie: »Niemand sonst als Sie hätte mir das mit einer solchen Geduld erklären können.« Oder: »Ich bin froh und dankbar, dass es dich gibt und dass ich dich hin und wieder besuchen darf. Wenn ich dich nicht hätte, würde mir ein Stück Himmel fehlen.«

✶

Organisieren Sie eine Geburtstagsfeier. Sie haben gar nicht gewusst, dass Ihr Mitarbeiter nächste Woche einen runden Geburtstag feiert. Er hat es Ihnen gegenüber in einem Gespräch eher nebenbei erwähnt, aber vielleicht wollte er Ihnen auch einen kleinen Fingerzeig geben. Tun Sie sich mit zwei oder drei anderen Kolleginnen und Kollegen zusammen und überraschen Sie ihn mit einer kleinen Feier.

✶

Schieben Sie an. Sie sehen, wie sich ein Autofahrer auf der eisigen Fahrbahn vergeblich bemüht, seinen Wagen in Fahrt zu bekommen. Gehen Sie nicht ungerührt weiter, sondern helfen Sie. Warten Sie nicht darauf, bis er es in seiner Verzweiflung wagt, Sie von sich aus um Hilfe zu bitten. Stellen Sie sich breitbeinig hin, legen Sie beide Hände an die Karosserie des Fahrzeugs und schieben Sie kurz kräftig an, damit die durchdrehenden Räder Bodenhaftung gewinnen. Reagieren Sie aber auch hinterher der Situation entsprechend. Warten Sie keinesfalls darauf, dass der losfahrende Autofahrer sogleich wieder stoppt, um sich bei Ihnen zu bedanken, sonst könnte es leicht sein, dass Sie die ganze Aktion gleich noch ein zweites Mal ausführen müssen.

✶

Knüpfen Sie wieder an. Lassen Sie die verfahrene Situation nicht so verfahren sein, wie sie zu sein scheint. Nehmen Sie den abgerissenen Kontakt wieder auf. Vielleicht wollte der andere, der mit Ihnen zerstritten ist, ohnehin längst das Gleiche tun wie Sie, war aber nur nicht so mutig, wie Sie jetzt hoffentlich sind.

✶

Gehen Sie in die Apotheke. Besorgen Sie für Ihren Wohnungsnachbarn die Medikamente, die ihm der Arzt verschrieben hat.

✶

Suchen Sie einen Job. Nehmen Sie es nicht hin, dass Ihrem langjährigen Kollegen der Arbeitsplatz wegrationalisiert wurde. Machen Sie sich sein Anliegen zu Ihrem Anliegen. Halten Sie Kontakt zu ihm, geben Sie ihm Adressen. Geben Sie anderen Firmen einen Tipp (»Der Mann ist top und gerade frei!«). Beteiligen Sie sich an der Arbeitssuche. Ziehen Sie Erkundigungen ein. Holen Sie sich Informationen vom Arbeitsamt. Durchforsten Sie den Inserateteil der Zeitungen. Verfolgen Sie die Stellenangebote der Jobbörse im Internet.

✶

Erzählen Sie einen guten Witz. Legen Sie sich ein Arsenal guter Witze an, sammeln Sie feine Anekdoten, hübsche Geschichten und kleine Spiele, mit denen Sie in Gesellschaft zur Aufheiterung beitragen können, damit Sie im passenden Moment etwas parat haben, wenn es gilt, Menschen aus dem Trübsinn zu holen und ein wenig aufzuheitern.

✶

Empfehlen Sie eine Diät. Behalten Sie die guten Erfahrungen, die Sie mit einer bestimmten Diät gemacht haben, nicht für sich. Empfehlen Sie das, was Ihnen geholfen hat, ein wenig abzuspecken, Ihrer Freundin, die mit den gleichen Problemen kämpft wie Sie.

✶

Vergrößern Sie den Kreis Ihrer Lieben. Machen Sie eine Liste aller Personen, denen Sie zu Weihnachten etwas schenken möchten oder denen Sie schreiben wollen. Setzen Sie einfach zwei Namen hinzu. Schenken Sie diesmal auch Leuten etwas, denen Sie noch nie etwas geschenkt haben und denen Sie noch nie einen Weihnachtsgruß zukommen ließen.

✶

Nehmen Sie Ihre Nachbarin in Schutz. Lassen Sie nicht zu, dass man herabsetzende Bemerkungen über Ihre Nachbarin macht. Versuchen Sie gegenzusteuern. Überlegen Sie sich ein paar positive Dinge, die Sie über Ihre Nachbarin sagen könnten und die tatsächlich stimmen – und sagen Sie sie.

✶

Verzichten Sie auf Kontrolle. Helfen Sie einem Kind, zur Erfahrung von Eigenverantwortung zu finden. Fordern Sie das Mädchen oder den Jungen auf, etwas ganz Bestimmtes pünktlich und gewissenhaft zu tun – zum Beispiel eine halbe Stunde extra Vokabeln zu büffeln, um bei der nächsten Französisch-Schularbeit nicht wieder eine Bauchlandung zu erleben, oder einfach nur, sich vor dem Schlafengehen die Zähne zu putzen und nach dem Zubettgehen nicht mehr heimlich den Fernsehapparat einzuschalten. Lassen Sie sich vom Kind versprechen, dass es sich an die Vereinbarung halten wird. Vereinbaren Sie aber gleichzeitig mit ihm, dass Sie nicht kontrollieren werden, ob es Ihre Anweisungen tatsächlich befolgt hat, weil Sie ihm vertrauen und weil Sie sicher sind, dass es Sie nicht enttäuschen wird.

✶

Säubern Sie den Boden selbst. Schon vorgestern ist Ihnen unangenehm aufgefallen, dass die Spuren vom verschütteten Kaffee immer noch auf dem Küchenboden zu sehen sind. Warten Sie nicht darauf, dass Ihre Putzfrau das bei nächster Gelegenheit erledigt. Säubern Sie den Boden sofort. Machen Sie Ihr Bett mal selbst. Schreiben Sie eine Mail, statt Ihrer Sekretärin einen Brief zu diktieren. Sie verlieren kaum Zeit damit und gewinnen viel Freude.

✶

Empfehlen Sie Ihren Freunden ein gutes Buch. Behalten Sie die gute Erfahrung, die Sie mit der Lektüre eines bestimmten Buches gemacht haben, nicht für sich, sondern erzählen Sie anderen davon. Beispielsweise könnten Sie eine Mail schreiben »Das müsst Ihr unbedingt lesen!« und sie auf den großen Verteiler Ihrer Freunde und Bekannten legen. Seien Sie bereit, Ihr Exemplar notfalls auch auszuleihen.

✶

Übernehmen Sie eine unangenehme Besorgung. Sie erfahren, dass sich ein älterer Mensch in Ihrer Umgebung hat breitschlagen lassen, eine Zeitschrift zu abonnieren, die er eigentlich nicht haben will. Der Mensch möchte das Abonnement so schnell wie möglich wieder kündigen. Dies ist jedoch für ihn in doppelter Weise unangenehm. Erstens ist es ihm peinlich, nun als unentschlossen und wankelmütig dazustehen, und zweitens kostet es ihn viel Überwindung, einen entsprechenden Brief zu Papier zu bringen und als Einschreiben aufzugeben. Erklären Sie sich bereit, diese Angelegenheit zu erledigen: »Kein Problem – das mache ich für Sie!«.

★

Arbeiten Sie ehrenamtlich mit. Stellen Sie die Kenntnisse und Fähigkeiten, die Sie auf Grund Ihrer Ausbildung und Berufserfahrung besitzen, der Gemeinschaft zur Verfügung. Lassen Sie sich nicht lange bitten, wenn ein gemeinnütziger Verein oder eine Bürgerinitiative an Sie herantritt und Sie um Mitarbeit bittet.

★

Betreuen Sie einen bedürftigen Menschen. Gut, wenn Sie es sich zur Gewohnheit gemacht haben, immer wieder wohltätigen Organisationen, die sich um die Linderung der Armut in unserer Gesellschaft kümmern, Geld zu spenden. Suchen Sie sich darüber hinaus einen »Armen« oder eine Gruppe von Armen, um den/die Sie sich ganz besonders kümmern – sei es eine unter dem Existenzminimum lebende Rentnerin, oder sei es eine Not leidende Familie, deren Verhältnisse Sie persönlich kennen. Lassen Sie »Ihren« Armen regelmäßig etwas zukommen. Auch wenn es kein hoher Betrag ist, wird Ihre regelmäßige Unterstützung – sei es monatlich oder zwei-, dreimal im Jahr, an Weihnachten, an Ostern, zu den Geburtstagen der Kinder usw. – für die Leute eine Hilfe sein, mit der sie rechnen können. Sparen Sie nebenher für den gleichen Zweck Geld an, um Reserven zu haben, falls einmal eine größere Unterstützung benötigt wird.

★

Ertragen Sie einen Betrunkenen. Ärgern Sie sich nicht, sondern helfen Sie ihm, wenn er Hilfe braucht. Versuchen Sie nicht, ihn zu maßregeln oder zu erziehen. Ihre Versuche, an seine Einsicht zu appellieren, werden in dem Zustand, in dem er sich befindet, ohnehin völlig wirkungslos bleiben. Nehmen Sie ihn, wie er ist. Führen Sie ihn. Geben Sie ihm Halt. Besorgen Sie ihm ein Taxi oder bringen Sie ihn nach Hause. Wischen Sie ihn ab, wenn er sich vollgekotzt hat.

*

Stellen Sie sich als Babysitter zur Verfügung. Warten Sie nicht darauf, bis Sie von den Eltern angesprochen werden. Die Eltern werden vielleicht gar nicht auf die Idee kommen, Ihnen eine solche Aufgabe zuzumuten. Bieten Sie von sich aus diese Möglichkeit an. Falls Sie zu wenig Erfahrung im Umgang mit Kleinkindern haben, besuchen Sie einen Babysitterkurs.

*

Kümmern Sie sich um einen Schadensfall. Hören Sie nicht nur kopfschüttelnd zu, wenn Ihnen jemand erzählt, in welch unzumutbarem Zustand sich das Hotel befand, das sie gebucht hatten, welche Leistungen zwar verrechnet, aber nicht erbracht wurden, und wie sinnlos es war, eine Urlaubsversicherung abzuschließen, da sie der Reiseveranstalter einfach abblitzen ließ, als sie es wagten, sich zu beschweren. Helfen Sie dem Menschen, zu seinem Recht zu kommen. Übernehmen Sie es, sich zu erkundigen, welche Schritte zu unternehmen sind, damit ihm der im Urlaub erlittene Schaden abgegolten wird.

*

Bringen Sie Menschen dazu, zu anderen nett zu sein. Überraschen Sie jemanden, der es nicht von Ihnen erwartet, mit einer kleinen Aufmerksamkeit. Bringen Sie ihm ein paar Blumen mit, schenken Sie ihm eine CD oder laden Sie ihn zu einer Tasse Kaffee ein. Lassen Sie aber nicht zu, dass er sich bei Ihnen revanchiert.

★

Zahlen Sie den Strafzettel. Ein junger Arbeitskollege konnte keinen Parkplatz finden und hat sein Fahrzeug im Halteverbot abgestellt. Trösten Sie ihn nicht durch Worte, sondern durch die Tat. Verzichten Sie auf irgendeinen Luxus, den Sie sich sonst gegönnt hätten, und bezahlen ausnahmsweise einmal Sie die Strafe für ihn.

★

Schieben Sie einen Rollstuhl. Stellen Sie sich zur Verfügung, um einem gehunfähigen Patienten einen Spaziergang zu ermöglichen.

★

Helfen Sie einem Kind bei den Hausaufgaben. Scheuen Sie sich nicht, diesen kleinen Liebesdienst zu verrichten, auch wenn Sie selbstkritisch genug sind, sich zu fragen, ob Sie selber überhaupt in der Lage sind, dem Kind zu helfen, die gestellte Aufgabe zu lösen. Aber zögern Sie nicht, Ihre Hilfe anzubieten, wenn Sie merken, wie unkonzentriert das Mädchen oder der Junge ist, sodass allein schon Ihre Anwesenheit eine Hilfe ist, sich dieser Aufgabe zu widmen.

★

Nehmen Sie Autostopper mit. Lassen Sie die beiden jungen Leute, die an der Abzweigung zur Autobahn stehen, nicht vergebens auf eine Mitfahrgelegenheit hoffen. Bleiben Sie stehen, öffnen Sie die Tür und laden Sie sie zum Einsteigen ein. Sie sollten allerdings eine Insassenversicherung abgeschlossen haben.

✶

Denken Sie für andere mit. Sie gehen in den Supermarkt einkaufen. Fragen Sie Ihre Nachbarin, ob Sie ihr etwas mitbringen können.

✶

Muntern Sie einen Menschen auf. Ein Mensch in Ihrer Nähe leidet unter Depressionen. Er befindet sich in ärztlicher Behandlung und hat Medikamente verschrieben bekommen, die ihm helfen. Aber trotzdem: So richtig über Wasser ist er damit eigentlich nicht. Sein Leben gleicht der Situation eines Schiffbrüchigen, der sich an einer auf dem Wasser schwimmenden Planke des untergegangen Schiffes festhalten konnte. Er ertrinkt zwar nicht, aber er treibt so dahin. Sie erfahren selbst, wie wichtig jetzt Zuwendung ist, die Sie geben. Andererseits haben Sie manchmal den Eindruck, dass es dem Menschen lästig ist, wenn Sie anrufen oder ihn besuchen, und dass er lieber in Ruhe gelassen werden möchte. Lassen Sie sich davon nicht irritieren. Deuten Sie seine Reaktion nicht falsch. Auch wenn er manchmal etwas abweisend erscheint, er braucht Sie so dringend wie ein Stück Brot. Die Sehnsucht nach Zuwendung ist heilsamer für ihn als die Flucht in die Einsamkeit. Seien Sie nicht zudringlich, aber geben Sie nicht auf. Versuchen Sie es immer wieder. Helfen Sie ihm, festen Boden unter den Füßen zu finden.

✶

Geben Sie Ihrem Kind einen Kuss mit in die Schule. Geben Sie Ihrem Kind, wenn es in der Früh in die Schule geht, einen Abschiedskuss (und vielleicht, wenn das Kind es mag, ein kleines Kreuz) auf die Stirn. Vielleicht ist es ein Tag, an dem eine besonders schwierige Prüfung angesagt ist. Das Kind weiß und kann spüren, dass Sie im Geiste zugegen sind und mit ihm mitfühlen. Der Kuss, den Sie ihm gegeben haben, ist ein Ausdruck Ihrer Liebe. Das Kind kann Ihre Liebe spüren und die Botschaft begreifen: »Ich mag dich, und wir zwei gehören zusammen.«

✶

Verbreiten Sie Lebensfreude. Merken Sie sich gute Bonmots, Witze und humorvolle Anekdoten, mit denen Sie Ihre Mitmenschen aufheitern können. Regen Sie mal wieder zum gemeinsamen Singen und Musizieren an. Laden Sie zu Festen ein. Gehen Sie nicht mit einem griesgrämigen Gesicht durch die Landschaft. Blicken Sie die Menschen freundlich an. Lächeln Sie ihnen zu. Signalisieren Sie ihnen: »Es gibt auch noch etwas Besseres auf der Welt als Hoffnungslosigkeit, Unlust und Überdruss des Lebens.«

✶

Geben Sie einem Durstigen zu trinken. Es gibt viele Arten von Durst. Auch Durst nach Liebe, nach Anerkennung, nach Aufmerksamkeit. Werden Sie sensibel für das, was Ihre Mitmenschen brauchen – und wenn es nur ein schlichtes Glas Wasser ist, das einem Menschen hilft, der gerade ein Referat oder einen Vortrag hält. Bei buchstäblichen Durstwünschen sollten Sie nachdenken: Jemand, der alkoholgefährdet ist, oder jemand, der in ähnlicher Weise nach süchtig machenden Stoffen dürstet, sollten Sie diskrete Möglichkeiten bieten, seine Abstinenz nicht zu gefährden.

Bereiten Sie jemandem Freude. Nehmen Sie sich vor, in dieser Woche jeden Tag jemandem ganz gezielt eine kleine Freude zu machen. Und machen Sie es konkret. Stellen Sie eine Liste auf, wen Sie in dieser Woche treffen – und wie Sie diesen Menschen eine Freude machen können. Zur Anregung: Ein Lächeln. Ein paar Kopien aus einem tollen Buch. Ein Foto vom letzten Fest. Ein Hinweis auf einen Internet-Link. Eine kleine finanzielle Anerkennung für ein Kind. Ein Mitbringsel von der Reise. Ein Zettelchen mit »Wie lieb von dir – Danke!«. Zwei Kino-Karten. Ein paar Blumen. Ein richtiger Brief. Die Einladung zu einer Tasse Kaffee. Der mitgebrachte Kuchen. Lassen Sie sich etwas Passendes einfallen.

✶

Seien Sie einmal ein richtiger »Göttergatte«. Beweisen Sie, dass Sie Lesen und Schreiben gelernt haben. Lesen Sie Ihrem Partner einen Wunsch von den Augen ab und unterschreiben Sie einen Scheck.

✶

Erklären Sie einem älteren Menschen, wie ein Handy funktioniert. Viele ältere Menschen haben großen Respekt vor Technik. Lächeln Sie nicht darüber. Zeigen Sie schlicht, wie einfach es ist, ein Handy zu bedienen. Nehmen Sie einem älteren Menschen die Scheu, die er vor solchen Dingen hat. Führen Sie ihm vor Augen, welche Vorteile es für ihn hätte, ein Handy zu haben – etwa im Notfall. Bringen Sie Ihm eines mit und erledigen Sie die Vertragsformalitäten für ihn.

✶

Bewundern Sie einen schön geschmückten Tisch. Beim Fest gibt es Kaffee und Kuchen. Alle staunen, was für Köstlichkeiten die Backkünstlerin diesmal wieder herbeigezaubert hat. Aber mehr noch werden die wunderschönen Papierrosen bewundert, mit denen jeder Teller geschmückt ist. Sie hören, wie jemand fragt: »Woher habt ihr die? Wo bekommt man die zu kaufen?« Und Sie hören auch die Antwort: »Die bekommt man nirgends zu kaufen, die hat meine Tochter gebastelt!« Sagen Sie dem Kind, wie schön die Papierrosen sind, auch wenn das Kind rote Ohren bekommen sollte.

*

Leihen Sie Ihr Handy aus. Betrachten Sie Ihr Handy nicht als Heiligtum. Geben Sie es ruhig einmal einem wildfremden Menschen in die Hand, wenn Sie sehen, dass der sich in einer Verlegenheit befindet, weil er dringend irgendwo Bescheid sagen muss, aber sein Handy vergessen hat. Denken Sie einmal darüber nach, wie Sie sich freuen würden, wenn Ihnen auf diese Art aus der Patsche geholfen würde.

*

Füttern Sie die Katze. Nachbarn haben manchmal ein kleines Problem; sie würden gerne einmal ein paar Tage ausspannen oder in Ferien fahren, aber sie haben niemand, der auf das Haustier aufpasst, die Blumen gießt und nach dem Rechten sieht. Und sie wagen es nicht, den Nachbarn um eine Gefälligkeit zu bitten. Lassen Sie bei guter Gelegenheit einmal die Bemerkung fallen: »Sie sollten sich mal erholen. Ich passe schon auf Ihre Katze und Ihren Garten auf. So was macht mir Spaß!«

*

Verwöhnen Sie Ihre Gäste durch kleine Aufmerksamkeiten. Legen Sie ein kleines Stückchen Schokolade auf das

Nachtkästchen. Stecken Sie einen Zettel mit einem lustigen Spruch in den Zahnbecher. Putzen Sie Ihren Gästen heimlich die Schuhe.

✶

Betreuen Sie Ferienkinder. Stellen Sie sich zur Verfügung, um eine Kindergruppe zu einem Ausflugsziel zu begleiten. Sorgen Sie dafür, dass alles gut klappt, und bringen Sie die Kinder wieder wohlbehalten nach Hause. Achten Sie darauf, dass alle genügend zu essen und zu trinken bekommen und dass jedes Kind weiß, wo die Toiletten sind.

✶

Überreichen Sie ein besonderes Mitbringsel. Sie bereiten sich darauf vor, einen Besuch zu machen, und überlegen, welches Mitbringsel Sie jemandem mitnehmen sollen. Was schenkt man einem, der ohnehin schon alles hat, was es da so gibt, noch dazu einem, der Ihnen bereits klipp und klar erklärt hat, dass er gegen albernen Ramsch allergisch ist. Bringen Sie etwas mit, das er auf alle Fälle brauchen kann: einen Gegenstand des täglichen Bedarfs, verpacken Sie das Mitbringsel aber originell. Haben Sie ruhig Mut zu einem lustigen Gag! Überreichen Sie Ihrem Gastgeber eine Packung Kaffee oder eine Glühbirne mit einem lustigen Spruch. Falls Sie sicher sind, dass er auch genügend Humor hat, bringen Sie eine Rolle Toilettenpapier mit, die Sie bis zur Unkenntlichkeit verpackt haben, sodass er zunächst meint, Sie hätten ihm einen Fußball mitgebracht, und das Auspacken dann für ihn zu einem spaßigen »Event« wird.

✶

Seien Sie ein Engel des Alltags. Klingeln Sie bei den alten Nachbarn, die nicht in ein Seniorenheim gehen wollen. Reden Sie mit ihnen. Unterstützen Sie sie in handfester Weise. Gehen Sie für sie auf das Postamt. Erledigen Sie ein unangenehmes Telefonat für sie. Leeren Sie ihren Mülleimer. Begleiten Sie sie zum Friseur.

✶

Lassen Sie Schulden nach. Sie haben einer Arbeitskollegin aus der Patsche geholfen und ihr, als sie nicht genügend Geld bei sich hatte, einen bestimmten Geldbetrag geliehen. Vergessen Sie es. Erinnern Sie sie einmal nicht daran, dass da noch eine Rechnung offen ist. Oder sagen Sie, wenn Sie kommt: »Gib's in die Kaffeekasse!«, oder: »Das nächste Mal kannst du ja mal die Spendierhosen anhaben!«

✶

Verraten Sie Ihr Geheimrezept. Sie merken, dass jemand in einer Sache ratlos ist, in welcher Sie selber bereits eine passende Lösung gefunden haben. Lassen Sie ihn mit seinem Problem nicht allein. Verraten Sie ihm Ihr »Geheimrezept«. Lassen Sie ihn an Ihrer Einsicht oder an einer möglichen praktischen Lösung eines Problems teilnehmen. Und freuen Sie sich, wenn Ihr Steuertipp oder auch nur Ihr Kuchenrezept die Runde macht.

✶

Sehen Sie nicht tatenlos zu. Halten Sie sich nicht heraus, wenn Sie sehen, wie gewaltbereite Jugendliche in der U-Bahn einen ausländischen Mitbürger anpöbeln. Ergreifen Sie die Initiative. Zeigen Sie Zivilcourage und stellen Sie sich ruhig, aber bestimmt dazwischen. Provozieren Sie nicht, bleiben Sie moderat im Ton, aber machen Sie deutlich, dass Sie keine Verletzung der Würde des ausländischen Mitbürgers hinnehmen.

✶

Machen Sie mit beim Flohmarkt. Werfen Sie Gegenstände, von denen Sie sich trennen wollen, nicht einfach weg. Beteiligen Sie sich an einem Flohmarkt. Das ist vielleicht auch eine lustige und lehrreiche Erfahrung für Ihre Kinder, die normalerweise bei so etwas mit Feuereifer dabei sind. Lassen Sie den Erlös zum Beispiel der Krebshilfe zukommen.

✶

Hören Sie sich nochmals die gleiche Geschichte an. Weisen Sie einen dementen Menschen nicht ab, wenn er mit Ihnen reden möchte. Erkennen Sie, dass sein eigentliches Anliegen ist, mit Ihnen zu reden, um in Kontakt zu sein oder sich von innerer Unruhe zu befreien. Seien Sie offen. Hören Sie zu – auch dann, wenn er Ihnen wieder die gleiche Geschichte erzählt, die Sie schon kennen.

✶

Holen Sie sich ein Autogramm. Selbst wenn Sie im Leben nicht auf die Idee kommen würden, einen Autor nach einer Lesung, einen Sänger nach dem Konzert oder einen Nationalspieler nach einem Fußballmatch um ein Autogramm zu bitten – tun Sie es mal, wenn Sie wissen, dass Sie Ihren Kindern oder einem Fan damit eine Riesenfreude bereiten werden. Oder gehen Sie auf die Homepage eines Stars – bitten Sie um ein Autogramm »für Isabel« und legen Sie es Isabel zu den Gaben unter den Christbaum. Sie freut sich garantiert mehr darüber als über den neuen Schlafanzug

✶

Betreuen Sie eine Alzheimer-Patientin. Finden Sie es nicht bloß großartig und bewundernswert von Ihren Nachbarn, dass sie ihre an Alzheimer erkrankte Mutter nicht in ein Pflegeheim abgeschoben haben, sondern bei sich zu Hause betreuen – mit allen unangenehmen Begleiterscheinungen, die dieses aufopfernde Tun mit sich bringt. Entlasten Sie die Leute ein wenig. Setzen Sie sich einen Nachmittag lang zu der alten Frau, damit Ihre Nachbarn mal ein wenig ausspannen können.

✶

Werden Sie zum Vermittler. Reagieren Sie spontan und kreativ, wenn Ihnen beispielsweise eine Frau sagt, dass sie darunter leidet, dass ihre Tochter so selten bei ihr anruft. Reden Sie mit der Tochter.

✶

Seien Sie eine Adresse, an die man sich wenden kann. Wenn Sie sich von anderen verabschieden, sagen Sie häufiger mal: »Wenn du ein Problem mit ... hast: Du weißt ja, wohin du dich wenden kannst. Ich mach so was gerne!« Aber Sie müssen das auch wirklich gerne machen und Zeit dafür haben.

6. Erfinden Sie einen neuen Lebensstil!

ERST VOR DER EIGENEN TÜR

Achten Sie liebevoll und diskret auf die Geschicke Ihrer Mitmenschen, mischen Sie sich dort auch ein, aber achten Sie noch mehr auf sich selbst, dass die Hilfestellungen, die Sie anderen geben, nicht nur dazu da sind, dass sie die Schwächen überdecken, die Sie im eigenen Haus haben.

Ein jeder aber prüfe sein eigenes Tun, und er mag so für sich selbst und nicht bei anderen seinen Ruhm finden. Denn ein jeder hat seine eigene Last zu tragen. (Brief an die Galater 6,4–5)

FAMILIENKONFERENZ

Machen Sie Ihre Familie zu einem Ort des Friedens, zu einer Zelle guten Zusammenlebens und zu einer Lerngemeinschaft im Glauben. Verändern Sie berufliche Rahmenbedingungen, um mehr Zeit für die Kinder zu haben – Zeit auch zum Miteinandersprechen und zum Mitteilen Ihrer Erfahrungen. Beten Sie – sofern es geht – miteinander. Planen Sie gemeinsame Unternehmungen ein. Packen Sie Dinge gemeinsam an – im Garten, beim Kochen, beim Erlernen einer Sprache. Entziehen Sie sich nicht dieser Schule für alle Beteiligten.

Die älteren Männer sollen nüchtern sein, ehrbar, besonnen, gesund im Glauben, in der Liebe, in der Geduld. Desgleichen seien die älteren Frauen in ihrem Benehmen ehrwürdig, nicht verleumderisch, nicht vielem Trunk ergeben, Lehrerinnen des Guten, um die jungen Frauen in rechter Weise anzuhalten, liebevoll gegen Mann und Kinder zu sein, besonnen, ehrbar, häuslich, gütig, dem Mann sich unterordnend, damit das Wort Gottes nicht gelästert werde. Ebenso mahne die jüngeren Männer zur Besonnenheit in allen Dingen. (Brief an Titus 2,2–5)

HIGH LIFE

Verzichten Sie auf den »speziellen Kick« – auf alles Exzessive, Rauschhafte. Gott hat die Welt zum Genuss geschaffen, und er liebt Genießer. Aber es ist gegen Gott, wenn Essen, Trinken, Rauchen, Sex, Arbeit, Hobbys zu Götzen werden, denen man erst hingebungsvoll und dann in sklavischer Abhängigkeit opfert.

Wie am Tage lasst uns ehrbar wandeln, nicht in Schmausereien und Trinkgelagen, nicht in Wollust und Ausschweifungen, nicht in Streit und Eifersucht. (Brief an die Römer 13,13). Berauscht euch nicht mit Wein, worin Verderbnis ist, sondern seid erfüllt vom Geist. (Brief an die Epheser 5,18)

ERLÖSTER AUSSEHEN

Checken Sie Ihren Lebensstil! Was denken andere über Sie? Würde Friedrich Nietzsche auch von Ihnen sagen, Sie müssten erlöster aussehen, damit man Ihnen Ihr Christsein glaubt? Sind Sie unbeherrscht, launisch, ein Despot, eine Zicke, unnahbar? Kann man in Ihrer Nähe aufblühen? Oder geht man da ein wie eine Primel? Wo müssen Sie ansetzen, damit es besser wird?

Wandelt würdig der Berufung, mit der ihr gerufen wurdet, in aller Demut und Milde, in Geduld einander in Liebe ertragend, bedacht auf die Wahrung der Einheit des Geistes durch das Band des Friedens. (Brief an die Epheser 4,1–3)

KEINE FALSCHE RECHNUNG AUFSTELLEN

Überlassen Sie das Richten den Richtern – und vor allem dem Richter am Ende aller Zeiten! Glauben Sie daran, dass es nicht auf ewig so sein wird, dass die Gauner Oberwasser haben und die Anständigen unter die Räder kommen. Sie müssen nicht zu sofortiger Selbsthilfe greifen. Es kommt der Tag, da kommt alles auf den Tisch – und dann wird nur bleiben können, was vor den Augen Gottes bestehen kann.

Richtet nicht vor der Zeit, ehe der Herr kommt. Er wird auch das im Finstern Verborgene an das Licht bringen und die Absichten der Herzen offenbar machen. (Erster Brief an die Korinther 4,5)

LIEBEN, BIS ES WEHTUT

Hören Sie nicht auf, »Liebe« in Ihre Beziehung, Ihre Ehe, Ihre Familie, Ihre Arbeit zu investieren! Sobald Sie aufhören, Ihr Herz daran zu setzen, zerfallen die Dinge. Lieben – das kann schmerzlich sein. Mutter Teresa hat sich und ihren Schwestern einmal den Leitsatz »Lieben, bis es wehtut« mit auf den Weg gegeben. Diese Erfahrung kann man auch in der Familie machen: Sobald jemand fragt »Was habe ich denn davon ...«, geht es auseinander.

Vor allem aber liebt einander, denn die Liebe ist das Band, das alles zusammenhält und vollkommen macht. (Brief an die Kolosser 3,14)

WAFFENSCHUTZ

Achten Sie darauf, was und wie Sie reden. Keine Waffe kann mehr verletzen als die menschliche Zunge. Durch Worte kann man einen Menschen glücklich machen, kann ihn aufbauen, ihm Selbstvertrauen schenken – durch Worte kann man einen Menschen aber auch vernichten. Achten Sie diesen Tag einmal auf Ihre Worte. Planen Sie »gute Worte« für die Menschen, denen Sie heute begegnen.

Glaubt jemand, gottesfürchtig zu sein, hält aber seine Zunge nicht im Zaum, sondern täuscht sein Herz, dessen Frömmigkeit ist ohne Wert. (Brief des Jakobus 1,26)

SIE SIND SO FREI!

Tun Sie nichts, weil »man« es so tut, weil es Ihnen Ihre Eltern so beigebracht haben, weil man damit einen besseren Eindruck hinterlässt, weil sie damit den Erwartungen des Pfarrers entsprechen. Sie sind frei – und das heißt wirklich frei von allen äußerlichen Bestimmungen. Sie sind nur Ihrem Gewissen – der Stimme Gottes in Ihrem Inneren – verpflichtet. Aber passen Sie auf: Ihr Gewissen sagt Ihnen niemals, dass die Zehn Gebote für Sie außer Kraft wären. Das ist eine andere Stimme – die Ihres inneren Schweinehunds.

Erweist euch als freie Menschen, doch nicht als solche, die in der Freiheit einen Deckmantel zum Schlechten sehen, vielmehr als Knechte Gottes. (Erster Brief des Petrus 2,16)

DIENSTMUT

Haben Sie Mut zum Dienen – denn das ist die ursprüngliche Wortbedeutung von Demut. Entwickeln Sie Fantasie, wie Sie Ihrem Partner, Ihren Kindern/Eltern, Ihren Nachbarn kleine Dienste, Gefälligkeiten, Handreichungen erweisen können. Erleichtern Sie ihnen das Leben. Dienen erniedrigt nicht; Dienen können ist vielmehr eine ausgezeichnete Eigenschaft freier Menschen. Denken Sie daran, dass Jesus seinen Jüngern die Füße gewaschen hat – und nicht den Kopf.

Alle sollen einander im Kleid der Demut begegnen. Denn Gott widersteht den Hoffärtigen, den Demütigen aber gibt er Gnade. (Erster Brief des Petrus 5,5)

AUF DIE KLEINEN DINGE KOMMT ES AN!

Drücken Sie sich nicht vor Alltagsjobs! Sie beweisen Ihr Christsein weniger im Kirchenchor als dadurch, dass Sie ungebeten die Spülmaschine ausräumen, heimlich den Frühstückstisch decken oder einen dicken Strauß Blumen an ein Krankenbett bringen.

Wenn aber jemand für die Seinigen und besonders für die Hausgenossen nicht Sorge trägt, der hat den Glauben verleugnet und ist schlimmer als ein Ungläubiger. (Erster Brief an Timotheus 5,8)

EIN GUTER GASTGEBER

Entwickeln Sie sich zu einem wunderbaren Gastgeber. Laden Sie bewusst Menschen ein, die Sie noch nicht gut kennen, von denen Sie lernen oder etwas erfahren möchten, auch solche, denen ein bisschen Wärme und Kontakt gut tut. Bereiten Sie den Besuch liebevoll vor. Reden Sie nicht nur von sich, hören Sie zu! Versuchen Sie in ein Gespräch über tiefe Dinge zu kommen. Rechnen Sie immer damit, dass der andere eine Botschaft für Sie mitbringt!

Die Gastfreundschaft vergesst nicht. Denn durch diese haben einige, ohne es zu ahnen, Engel beherbergt. (Brief an die Hebräer 13,2)

NICHT ABWIMMELN!

Wenn Sie heute von einem Menschen bedrängt werden: Wimmeln Sie ihn nicht ab! Wünschen Sie ihn nicht zum Teufel, mag er Ihnen auch noch so auf die Nerven gehen! Schalten Sie innerlich sofort um, sprechen Sie schnell ein kleines Gebet für ihn. Ihnen ist eine wundervolle Kraft gegeben: Sie können segnen, sind dazu von Ihrem Schöpfer ermächtigt. Warum segnen wir so selten?

Segnet eure Verfolger; segnet und flucht nicht. (Brief an die Römer 12,14)

FRIEDENSBEWEGUNG

Seien sie ein Mensch des Ausgleichs – und zwar aus göttlichen Gründen! Der Gott, der uns als Sünder an Kindes Statt angenommen hat, der uns mit sich versöhnt hat, will, dass von uns Christen eine Friedensbewegung ausgeht. Sie zeichnet sich weniger dadurch aus, dass man Fahnen aus dem Fenster hängt, als dass man sich jeden Tag in seiner konkreten Umgebung abmüht, für einen gerechten Ausgleich der Interessen zu sorgen. Das kann auch einmal bedeuten, dass man selbst zurücktritt und einen anderen Menschen zum Zug kommen lässt.

Lebt in Frieden miteinander. (Erster Brief an die Thessalonicher 5,13)

SEIEN SIE ECHT!

Ihre Liebe muss echt sein! Mit süßer Miene Gutes Tun, wenn Sie dabei doch Magenschmerzen haben oder die Faust in der Tasche ballen – das ist kontraproduktiv. Erstens müssen Sie nicht dabei lächeln, wenn Sie etwas tun, das Ihnen schwer fällt (wer sagt denn, dass die Liebe immer nur lächeln muss?), zweitens sollten Sie danach suchen, Ihre Taten der Liebe tiefer (vielleicht spiritueller?) zu begründen. Es genügt eben nicht, an Weihnachten mal einen Scheck abzudrücken, damit das Pfarramt auch an der Spendenquittung sieht, was Sie für einer sind.

Die Liebe sei ungeheuchelt. (Brief an die Römer 12,9)

LIEBER LANGSAM!

Achten Sie heute auf Ihr Timing: Bedenken Sie, wo Sie schnell sein müssen und wo Sie künstlich verlangsamen oder gar einen »Stopper einbauen« sollten. Seien Sie schnell bereit, jemandem Ihr Ohr zu leihen; zögern Sie nicht, wenn jemand Sie braucht. Hören Sie lieber geduldig hin, bevor Sie mit fixfertigen Lösungen kommen. Und lassen Sie sich nicht zum Zorn hinreißen; schlafen Sie lieber über die Sache!

Jeder Mensch soll schnell bereit sein zum Hören, aber langsam zum Reden und langsam zum Zorne. (Brief des Jakobus 1,19)

ANTI-PHARISÄER-PROGRAMM

Klopfen Sie keine frommen Sprüche! Vollbringen Sie heute etwas, dessen Gründe niemand kennt außer Ihnen! Widmen Sie einem lästigen Menschen Zeit, hören Sie dem Geplapper eines Kindes zu, lassen Sie andere in der Warteschlange vor – und dann erzählen Sie niemand etwas davon.

Wenn eure Gerechtigkeit nicht weit vollkommener sein wird als die der Schriftgelehrten und Pharisäer, so werdet ihr nicht hineingehen in das Himmelreich. (Evangelium nach Matthäus 5,20)

WORTE UND TATEN

Meiden Sie unter allen Umständen eine Diskrepanz zwischen Ihrem äußeren Bekenntnis, ein Christ zu sein und Ihren Taten! Haben Sie schon einmal jemandem Geld angeboten, von dem Sie wussten, dass er sich in einer materiellen Notlage befindet? Haben Sie jemandem, der sich in einer geistigen Not befand, schon einmal ein Gespräch angeboten? Haben Sie schon einmal jemanden bei sich wohnen lassen, der eine Zeit lang einen Ort und einen Menschen wie Sie brauchte? Oder reden Sie nur?

Wenn ein Bruder oder eine Schwester kein Kleid besitzen und Not leiden an der täglichen Nahrung und jemand von euch spricht zu ihnen: »Geht in Frieden, wärmt und sättigt euch!« aber ihr gebt ihnen nicht, was sie brauchen für den Körper, was nützt das? (Brief des Jakobus 2,15–16)

NICHT AUF SEINE KOSTEN KOMMEN

Verleihen Sie etwas, auch wenn die Wahrscheinlichkeit, es nicht mehr zurückzuerhalten, größer ist, als es wohlbehalten wieder zu bekommen. Es gehört zum christlichen Profil, nicht in jedem Fall auf seine Kosten zu kommen. Gott gab und gibt gratis – an den Christen ist es, hin und wieder recht spürbar die Freigebigkeit Gottes zu imitieren.

Wer dich bittet, dem gib, und wer von dir borgen will, den weise nicht ab. (Evangelium nach Matthäus 5,42) Tut Gutes und leiht, ohne etwas zurückzuerhoffen. (Evangelium nach Lukas 6,35)

MUT ZUR WAHRHEIT!

Lügen Sie nicht – auch wenn es scheinbar einmal nicht darauf ankommt, wenn es Sie in eine bessere Ausgangsposition bringt, wenn es Ihnen aus einer Verlegenheit hilft! Nehmen Sie sich vor, den tausendundein Lügen des Alltags den Kampf anzusagen und zu vermindern.

Legt ab die Lüge, und es rede ein jeder mit seinem Nächsten die Wahrheit. (Brief an die Epheser 4,25)

PROBLEMLÖSUNG DISKRET

Verzichten Sie darauf, anderen Menschen öffentliche Standpauken zu halten. Werden Sie ein »Problemlöser«, der sich durch Diskretion, Klarheit und Milde auszeichnet. Korrekturen an Mitmenschen sind notwendig und möglich, aber sie greifen oft nicht, weil die Art der Krisenintervention kontraproduktiv ist. Schon bei Kindern merkt man, dass Poltern und Donnern nur zu Verhärtungen führt.

Wenn jemand einen Fehltritt tut, sollt ihr als Geisterfüllte einen solchen im Geist der Milde zurechtweisen. (Brief an die Galater 6,1)

UM GOTTES WILLEN

Machen Sie heute einen Test: Können Sie »um Gottes willen« auf eine lieb gewordene Gewohnheit verzichten – eine Tasse Kaffee, eine Zigarette, einen Fernsehabend?

Prüft euch selbst, ob ihr im Glauben seid; stellt euch selbst auf die Probe. Oder könnt ihr nicht an euch erkennen, dass Christus Jesus in euch ist? (Zweiter Brief an die Korinther 13,5)

DIE SPRACHE DER TATEN

Schwadronieren Sie nicht; argumentieren Sie heute einmal bewusst durch Taten! Manche Menschen können Sie durch Worte absolut nicht überzeugen, wohl aber durch überraschendes Handeln, wenn es nicht »aufgesetzt« ist. Max Frisch hat einmal gesagt, man dürfe einem anderen die Wahrheit nicht wie einen nassen Waschlappen ins Gesicht schlagen, sondern müsse ihn damit umhüllen wie mit einem warmen Mantel.

Es ist der Wille Gottes, dass ihr durch gute Taten die Unwissenheit der törichten Menschen zum Schweigen bringt. (Erster Brief des Petrus 2,15)

ZEIT FÜR ANDERE AKZENTE

Setzen Sie neue Akzente! Denken Sie daran, dass der Glaube ganz wesentlich eine Befreiung von alten Denk- und Handlungsmustern ist. Sie müssen nicht mehr lügen, nicht mehr tricksen, sich nicht mehr im Abhängigkeitsbereich von Süchten bewegen. Aber dafür müssen Sie auch neue Gewohnheiten installieren und sich von alten Orten, Menschen und Gewohnheiten verabschieden. Welche könnten das sein?

Gestaltet euer Leben nicht mehr nach den Gelüsten wie früher in eurer Unwissenheit. (Erster Brief des Petrus 1,14)

ZIELE DEFINIEREN!

Erweitern Sie das Spektrum Ihrer persönlichen Lebensziele. Wenn Sie bis dato nur »reich & glücklich« werden wollen, stimmt etwas nicht mit Ihrem Christsein. Nehmen wir ein Beispiel: Sträubt sich in Ihnen etwas dagegen, ein »frommer Mensch« werden zu wollen? Vielleicht definieren Sie

»fromm« noch mit »blaustrümpfiger Pharisäer« – das ist gewiss kein Leitbild. Sagen Sie sich besser: Ich möchte ein reifer Mensch werden, der mit zunehmendem Alter Gott immer leidenschaftlicher sucht.

Strebe vielmehr nach Gerechtigkeit, Frömmigkeit, Glauben, Liebe, Geduld und Verträglichkeit. (Erster Brief an Timotheus 6,11)

ANDERS REAGIEREN!

Sie sollen Menschen beschämen, die Sie ausnutzen, verletzen, beleidigen, angreifen. Das ist wahr – aber achten Sie dabei auch darauf, dass es sich dabei nur um »Zeichen« handeln kann, die den anderen zur Besinnung bringen. Gott verlangt nicht von Ihnen, dass Sie sich dauerhaft zum Putzlappen der anderen machen lassen! Sie haben vor Gott eine eigene Würde und müssen auch auf sich selbst achten!

Ich aber sage euch: Ihr sollt dem Bösen nicht widerstehen, sondern wenn dich jemand auf deine rechte Wange schlägt, so halte ihm auch die andere hin. (Evangelium nach Matthäus 5,39)

SAG MIR, MIT WEM DU GEHST

Achten Sie darauf, mit wem Sie Umgang pflegen. Sie müssen und können sich nicht immer in gläubigem Milieu bewegen. Sie werden immer mit Menschen konfrontiert sein, die andere Optionen in ihrem Leben verfolgen. Wenn Sie nur mit Nichtchristen Umgang haben, brauchen Sie eine Menge Kraft, um ihr christliches Profil zu erhalten. Suchen Sie darum den regelmäßigen Kontakt mit engagierten Christen. Bestärken Sie sich gegenseitig und helfen Sie einander, damit Sie auf dem Weg bleiben.

Lasst euch nicht verführen. Böser Umgang verdirbt gute Sitten. (Erster Brief an die Korinther 15,33)

WAS HAT RAUM IN IHREN TRÄUMEN?

Spielen Sie nicht mit überwundenen Möglichkeiten! Wo Gott ist, kann dem Bösen kein Bleiberecht eingeräumt werden. Schauen Sie Ihre Nischen an: Wie viel Raum gestehen Sie gelegentlich noch Traurigkeit, Angst, Jähzorn, Neid, Hass, Unzucht, Verleumdung zu? Wie oft werden Sie rückfällig? Was tun Sie dagegen? Wem legen Sie Ihre Rückfälle offen?

Haltet euch frei von jeder Art des Bösen. (Erster Brief an die Thessalonicher 5,22)

DAS REIZVOLLE AM LETZTEN PLATZ

Spielen Sie sich nicht in den Vordergrund! Haben Sie Geduld – man wird Sie rufen! Es gibt einen Heiligen – es war Charles de Foucauld (†1916) – der sogar eine eigene Spiritualität des letzten Platzes entwickelt hat: der letzte Platz, der Platz Jesu. Ein wichtiger Gedanke in einer Zeit, in der die Reichen immer reicher werden und die Armen immer mehr auf den letzten Platz verdrängt werden.

Wenn du von jemand zu einem Festmahl geladen wirst, so lass dich nicht auf dem ersten Platz nieder. (Evangelium nach Lukas 14,8)

SHOW UND LIEBE

Spielen Sie sich nicht mit Ihren religiösen Erfahrungen auf! Machen Sie sich nicht zum Guru und Weisen, der anderen den Weg weisen könnte. Was zwischen Gott und Ihnen ist, sollte Liebe sein – und damit geht man nicht auf den Marktplatz. Mit Intimitäten prahlt man nicht. Gehen Sie Menschen aus dem Weg, die sich religiös inszenieren.

Hütet euch vor den Schriftgelehrten, die mit Vorliebe in langwallenden Gewändern einhergehen, gegrüßt sein wollen auf den öffentlichen Plätzen, in den Synagogen die ersten Sitze und bei den Gastmählern die Ehrenplätze suchen; die der Witwen Häuser verzehren und zum Schein lange Gebete verrichten. Sie werden ein gar hartes Gericht erfahren. (Evangelium nach Markus 12,38–40)

VORSICHT VOR DOPPELMORAL

Stoßen Sie Menschen, die nicht an Gott glauben, nicht vor den Kopf, sondern versuchen Sie, durch einen selbstverständlich gelebten Glauben für die Sache Jesu zu werben. Kaum etwas stößt Nichtchristen mehr ab als ungedeckte Worte, Scheinheiligkeit und Doppelmoral.

Seid weise im Verkehr mit den Außenstehenden. (Brief an die Kolosser 4,5)

MIT SALZ GEWÜRZT

Treten Sie freundlich, aber bestimmt auf! Nicht besserwisserisch, nicht altklug, nicht als Pächter ewiger Wahrheiten! Aber doch so, dass Sie nicht verstecken, wofür Sie eigentlich kämpfen müssten. Seien Sie auch einmal das Salz in der Suppe, auch wenn es die Esser lieber gerne fade hätten.

Eure Rede sei allezeit freundlich, mit Salz gewürzt, sodass ihr wisst, was ihr einem jeden antworten sollt. (Brief an die Kolosser 4,6)

BLEIBEN SIE ANONYM!

Üben Sie sich darin, aufbauende, positive Dinge zu tun, deren Urheberschaft niemand erfährt! Ein kleines Beispiel: In einer Firma, in der »Krieg« herrscht und die »Chemie« zerstört ist, trägt das von »irgendjemand« hingelegte kleine Stück Schokolade am Morgen auf dem Tisch der Mitarbeiter mehr als lange Konferenzen zur Verbesserung des zwischenmenschlichen Klimas bei.

Wenn du Almosen gibst, so sollst du nicht mit der Posaune vor dir herblasen, wie es die Heuchler in den Synagogen und auf den Gassen tun, damit sie von den Menschen gepriesen werden. Wahrlich, ich sage euch: Sie haben ihren Lohn schon empfangen. Wenn du aber Almosen gibst, so soll deine linke Hand nicht wissen, was deine rechte tut. (Evangelium nach Matthäus 6,2–3)

AUSMISTEN!

Überprüfen Sie Ihr Verhaltensrepertoire! Gehen Sie die Liste aus dem Kolosserbrief durch. Wo sind Sie gemeint? Misten Sie schlechte Angewohnheiten konsequent aus! Fangen Sie mit einer für Sie typischen Untugend an – beispielsweise dem Jähzorn!

Jetzt aber sollt ihr all dies ablegen: Zorn, Erbitterung, Bosheit, Lästerung, unehrbare Rede eures Mundes. (Brief an die Kolosser 3,8)

NICHT VERGLEICHEN!

Vergleichen Sie sich nicht mit anderen, messen Sie sich nicht an ihnen! Sie sind einzigartig in Ihrem Wesen, Ihren Gaben, ihren Möglichkeiten. Kein anderer kann für Sie übernehmen, was Gott als Ihre Aufgabe definiert hat. Sie stehen in seinem Plan. Gott wird Sie nicht an anderen messen. Er wird Sie bei Ihrem Namen rufen und fragen, ob Sie diesem Namen gerecht geworden sind.

Lasst uns nicht eitler Ehre nachstreben, einander nicht herausfordern, einander nicht beneiden. (Brief an die Galater 5,26)

DIE KUNST DES VERZEIHENS

Seien Sie großzügig im Verzeihen, selbst wenn Sie schlechte Erfahrungen gemacht haben, selbst wenn es über Ihren Verstand und Ihren guten Willen hinausgeht. Dazu werden Sie bei ernsthaften Problemen (nehmen wir einmal: Ehebruch) nur die Kraft haben, wenn Sie lange darum beten und wenn Sie daran denken, dass Gott selbst immer wieder neue Anfänge mit uns Menschen macht, was auch immer und wie oft auch immer wir seine Liebe und sein Gebot verletzt haben.

Ertragt einander und verzeiht einander, wenn einer eine Klage hat gegen den andern, so wie der Herr auch euch verziehen hat, so sollt auch ihr tun. (Brief an die Kolosser 3,13)

STEUERN ZAHLEN!

Zahlen Sie Ihre Steuern! Gewiss kann man dem Staat vorwerfen, dass er schlecht gewirtschaftet hat. Gewiss wird Leistung heute bestraft. Aber das entbindet Sie nicht davon, dass Sie es bei der Steuer auf Heller und Pfennig genau nehmen sollten.

Was des Kaisers ist, gebt dem Kaiser, und was Gottes ist, Gott. (Evangelium nach Markus 12,17)

STATT ELLENBOGEN

Zahlen Sie nicht mit gleicher Münze heim! Christen können verlieren, ohne gleich das Rachespiel zu inszenieren. Wo das Christentum wuchs, zeigte es sich häufig als die Religion der Sklaven, der Verlierer, der Märtyrer – und setzte sich doch durch! Nicht durch Ellenbogen, sondern durch überlegene, kraftvolle Ausstrahlung: Der muss stark sein, der die Kraft besitzt, nicht zurückzuschlagen, wenn er es könnte!

Vergeltet niemand Böses mit Bösem. Seid auf Gutes bedacht vor allen Menschen. (Brief an die Römer 12,17)

LASSEN SIE SICH INSTRUMENTALISIEREN!

Beten Sie oft das Gebet »Herr, mache mich zu einem Werkzeug deines Friedens, dass ich Liebe übe da, wo man sich hasst, dass ich verzeihe da, wo man sich beleidigt, dass ich verbinde da, wo Streit ist, dass ich die Wahrheit sage da, wo der Irrtum herrscht, dass ich Glauben bringe, wo der Zweifel drückt, dass ich die Hoffnung wecke, wo Verzweiflung quält, dass ich dein Licht anzünde, wo die Finsternis regiert ...«. Das ganze Gebet finden Sie im Internet oder in vielen Gebetsammlungen.

So lasst uns suchen nach dem, was dem Frieden dient und der Erbauung untereinander. (Brief an die Römer 14,19)

Haben Sie Nachsicht mit einem vergesslichen Menschen. Sagen Sie nicht: »Das habe ich dir doch schon hundert Mal gesagt.« Sondern geben Sie, ohne ein vorwurfsvolles Gesicht zu machen, bereitwillig Auskunft, wenn Sie jemand zu wiederholten Malen das Gleiche fragt.

✶

Nehmen Sie sich selber beim Wort. Wenn Sie auch so Sprüche wie: »Es ist besser, eine Kerze anzuzünden, als über die Dunkelheit zu jammern« häufiger auf den Lippen tragen, dann erinnern Sie sich zwischendurch daran, dass er auch für Sie gilt – und zwar dann, wenn niemand zusieht. Bücken Sie sich, heben Sie das achtlos weggeworfenen Taschentuch auf und werfen Sie es in den Papierkorb. Geben Sie dem entgegenkommenden Autofahrer Lichtzeichen, dass eine Radarfalle droht. Schenken Sie Ihre alte Hifi-Anlage einem netten Schüler, statt Sie über Ebay zu verscherbeln.

✶

Stoßen Sie nicht ins gleiche Horn. Sie haben durch Ihr Verhalten, ohne es vorsätzlich gewollt zu haben, jemanden wütend gemacht. Seine Wut ist so groß, dass er Ihnen einen groben Brief schreibt, in welchem er Sie heftig beschimpft. Erwidern Sie nicht auf gleicher Ebene. Schlucken Sie den Ärger hinunter, den Ihnen dieser Brief bereitet. Schreiben Sie eine höfliche Antwort.

✶

Lassen Sie Gnade vor Recht ergehen. Bestehen Sie nicht darauf, dass jemand, der ein Stück Kuchen gegessen hat, das Ihnen zugedacht war, Ihnen für diese »Untat« anderweitig Ersatz leisten muss, sondern lassen Sie es gut sein. Bedenken Sie: Es gibt Schlimmeres als ein kleines Stück Kuchen, das einem entgangen ist. Aber es gibt kaum etwas Schöneres als ein kleines Stück echter Großmut.

✶

Respektieren Sie die Ansichten älterer Leute. Kinder haben es schwer, ernst genommen zu werden. Mögen ihre Ansichten auch noch so vernünftig sein, die Erwachsenen können trotzdem jederzeit sagen: »Davon verstehst du nichts. Dazu bist du noch zu jung; die Welt ist nicht so, wie du sie dir vorstellst!« Nicht minder schwer haben es die Senioren. Zählte in früherer Zeit gerade die Weisheit und Lebenserfahrung der älteren Menschen, so bekommen sie heute oft genug zu hören: »Was du sagst, ist Schnee von gestern. Von aktuellen Problemen verstehst du nichts; dazu bist du zu alt!« Respektieren Sie die Ansichten älterer Leute. Und nehmen Sie auch die Kinder ernst.

✶

Üben Sie Nachsicht. Es fällt Ihnen nicht immer leicht, nachsichtig zu sein, besonders wenn der Fehler, über den Sie gnädig und verständnisvoll hinwegsehen sollten, etwas war, das Sie persönlich als kränkend empfunden haben. Aber je schwerer es Ihnen fällt, Nachsicht zu üben, umso mehr müssen Sie sie üben. Üben Sie sich in der Kunst, Nachsicht zu üben, auch wenn Ihnen klar ist, dass Sie es darin nicht von heute auf morgen zur Meisterschaft bringen werden.

Beginnen Sie den Tag mit einem guten Vorsatz. Nehmen Sie sich, ehe Sie aus dem Haus gehen, vor, heute etwas Gutes zu tun. Etwas Einfaches und Naheliegendes. Etwas, das Sie leicht tun können und das Sie im Grunde gar nicht viel Überwindung kostet. Fassen Sie nicht hundert Vorsätze, sondern nur einen. Sparen Sie sich die 99 anderen guten Vorsätze für später auf und tun Sie heute nur das eine, das Sie sich vorgenommen haben. Aber nehmen Sie es sich nicht nur vor, sondern tun Sie es wirklich.

✶

Lassen Sie sich kritisieren. Bejahen Sie Kritik nicht nur theoretisch – und konkret nur, wenn es um andere geht, sondern lassen Sie sich auch selber kritisieren. Akzeptieren Sie zunächst einmal die Tatsache, dass man Sie kritisiert, und prüfen Sie sodann in einem nächsten Schritt, ob Sie nicht den einen oder anderen Punkt der vorgebrachten Kritik ebenfalls akzeptieren könnten. Vielleicht liegen Ihre Kritiker gar nicht so falsch und haben nicht in allem und jedem so Unrecht, wie Sie immer dachten.

✶

Sticheln Sie nicht. Unterlassen Sie es, eine boshafte Bemerkung auszusprechen, die Ihnen gerade auf der Zunge liegt. Bedenken Sie, dass ein böses Wort tief verletzen kann. Beleidigungen und Kränkungen können wehtun wie Messerstiche. Nicht umsonst haben die alten Griechen die Zunge, mit der man »sticheln« kann, mit einem Dolch verglichen. Verwenden Sie Ihre Zunge nicht als Waffe, sondern benützen Sie sie zur Verständigung. Machen Sie sie zu einem Werkzeug des Friedens.

✶

Seien Sie diskret. Lassen Sie es auch nicht durch die Blume einfließen, dass Sie sich sozial engagieren und eine ansehnliche Anzahl von Spendenquittungen für das Finanzamt parat gelegt haben. Tun Sie das Gute, ohne darüber zu reden, besonders wenn es sich um gute Werke handelt, die Sie im Verborgenen getan haben. Bedenken Sie, dass der himmlische Vater, der ins Verborgene sieht, auch sieht, ob Sie in Ihrem Herzen demütig sind oder ob Sie sich besser vorkommen als die anderen.

✶

Blättern Sie im Versandhauskatalog. Sehen Sie sich an, was es alles zu kaufen gibt, und genießen Sie es, möglichst viele Dinge zu entdecken, die Sie ganz bestimmt nicht brauchen.

✶

Bekämpfen Sie Ihren Ärger. Benutzen Sie ein kleines Ritual, um Aggressionen abzubauen. Es ist ganz einfach, und wenn Sie es anwenden, werden Sie sehen, welche verblüffende Wirkung es hat. Wenn auf Grund einer bestimmten Situation spontan Ärger in Ihnen hochsteigt und Sie vor lauter Empörung alles kurz und klein schlagen könnten, atmen Sie ein und geben Sie sich vier Sekunden Zeit. In diesen vier Sekunden sagen Sie: »Einundzwanzig, zweiundzwanzig, mir geht's gut!« Die Worte wirken wie eine Zauberformel. Sie werden sehen, es geht Ihnen sofort besser. Ganz ist der Ärger vielleicht noch nicht abgewehrt, aber das Schlimmste wäre schon einmal überstanden.

✶

Ändern Sie Ihre Meinung. Scheuen Sie sich nicht, dazuzulernen. Bleiben Sie nicht bei Ihren Vorurteilen. Nehmen

Sie sich den alten Adenauer zum Vorbild, der einmal darauf angesprochen wurde, dass er sich nicht mehr an das halte, was er letzthin noch gepredigt habe. Adenauer daraufhin: »Was interessiert mich mein dummes Geschwätz von gestern!«

✶

Verzichten Sie ein Wochenende lang auf Ihr Auto. Gehen Sie kurze Strecken, die Sie sonst fahren würden, zu Fuß, benutzen Sie öffentliche Verkehrsmittel oder machen Sie einfach einmal nur Dinge, zu denen Sie kein Auto brauchen. Entdecken Sie die Stadt neu, in der Sie leben, ihre kleinen und liebenswürdigen Seiten, die Vorgärten und Hauseingänge, die baulichen Veränderungen. Bleiben Sie stehen, wenn Sie Bekannte treffen; machen Sie mal wieder Smalltalk mit ihnen.

✶

Führen Sie keine zweideutigen Reden. Tuten Sie nicht ins gleiche Horn, wenn in Ihrer Gegenwart primitive Witze über sexuelle Dinge gemacht werden. Überlassen Sie die menschenunwürdigen Zoten den anderen. Und wenn Sie der Einzige in der Runde wären, der an diesen Dingen keinen Gefallen findet, dann sind Sie eben der Einzige.

✶

Spenden Sie für Hochwasseropfer. Belassen Sie es nicht nur beim Spenden-Dauerauftrag für »Ihr« Hilfswerk. Lassen Sie sich von der Not anrühren, die gerade aktuell ist. Versetzen Sie sich beispielsweise in die Lage eine Familie, deren Wohnungseinrichtung durch die Einwirkung der Naturgewalten über Nacht kaputt gegangen ist. Öffnen Sie Ihr Herz und Ihre Geldbörse. Geben Sie eine großzügige Spende, auch wenn Sie kurz zuvor ohnehin schon für die Opfer eines anderen Hochwassers oder Erdbebens gespendet haben.

✶

Geben Sie dem Neid den Laufpass. Freuen Sie sich sichtbar am Erfolg anderer. Das mag Ihnen anfangs schwer fallen, aber es nimmt Ihnen nichts, wenn Sie andere loben. Ihr Menschen-Wert hängt übrigens nicht von Ihrer Leistung ab. Gott liebt Sie so, wie Sie sind. Leistungsbilanzen machen Sie in seinen Augen keinen Deut liebenswerter.

✶

Lassen Sie sich von Ihren Sorgen nicht lähmen. Denken Sie nicht ununterbrochen daran, was alles auf Sie zukommt, welche Probleme Sie in der nächsten Zeit lösen müssen und wie Sie das alles schaffen werden. Geben Sie vor allem am Abend Ihre Sorgen an den lieben Gott ab; nehmen Sie sie prinzipiell nicht mit ins Bett. Setzen Sie Schwerpunkte. Räumen Sie sich eine bestimmte Zeit ein, in der Sie nichts anderes tun, als über Ihre Sorgen nachzudenken. Geben Sie sich zwanzig Minuten »Sorgenzeit«. Während dieser Zeit gehen Sie gezielt an die Probleme heran, überlegen sich die richtige Strategien, machen sich Gedanken über geeignete Vorgangsweisen, Finanzierungsmöglichkeiten usw. In dieser »Sorgenzeit« haben Sie Gelegenheit, sich Ihr Hirn zu zermartern, um in der restlichen Zeit den Kopf wieder für andere Dinge frei zu haben. Vielleicht brauchen Sie nicht einmal zwanzig Minuten, um bestimmte Probleme zu lösen, die Ihnen ganz schrecklich erschienen sind. Umso besser für Sie.

✶

Suchen Sie vierblättrigen Klee. Machen Sie einen Spaziergang im Mai. Suchen Sie eine Wiese, auf welcher Klee wächst. Sehen Sie genau hin und versuchen Sie einen vierblättigen Klee zu finden. Machen Sie sich nichts daraus, wenn Sie keinen finden, oder wenn Sie ihn nicht sehen, obwohl er da ist und Sie ihn erst erkennen, wenn Sie von Ihrer Begleiterin gleichsam mit der Nase draufgestoßen werden. Konzentrieren Sie sich mehr auf das Suchen als auf das Finden.

✶

Lassen Sie sich von einem Kind die Welt zeigen. Machen Sie mit einem Kind einen Spaziergang durch die Natur. Fordern Sie das Kind auf, Ihnen zu sagen, was es alles sieht: wie viele verschiedene Gräser es entdeckt, wie viele lustige Käfer und Schmetterlinge es sieht, wie viele Vögel, Ameisen, Baumstämme, Pilze. Betrachten Sie die Welt mit den Augen eines Kindes und sehen Sie, wie aufregend schön die Schöpfung ist.

✶

Entdecken Sie neue Tugenden. Sie brauchen sich nicht zu bemühen, gewisse Untugenden an anderen festzustellen. Die fallen Ihnen ohnehin von selber auf, wenn Sie zum Beispiel zum Telefonhörer greifen und merken, dass die Schnur zum Apparat schon wieder verwickelt ist, obwohl Sie sie erst gestern Abend wieder entwirrt hatten. Bemühen Sie sich vielmehr, positive Eigenschaften am anderen zu bemerken: die Tugend des Zuhörens, die Tugend der offenen Rede, die Tugend der Herzlichkeit, die Tugend des Humors, die Tugend der sofortigen Bereitschaft ...

✶

Unterschreiben Sie einen Protestbrief. Halten Sie sich nicht heraus, wenn für irgendetwas Unterschriften gesammelt werden (ob Sie nun unterschreiben oder nicht) – allein schon aus Achtung vor der Arbeit der Engagierten, die manches Eisen schon für die Allgemeinheit aus dem Feuer geholt haben. Informieren Sie sich über das Anliegen und nehmen Sie Stellung.

✶

Verzichten Sie darauf, sich zu beschweren. Sie waren in einem Restaurant oder haben eine Reise gebucht, wo einiges nicht in Ordnung war. Es war kein Nepp, man wollte Sie nicht reinlegen. Die Leute waren einfach ein wenig überfordert. Es hat einfach nicht so funktioniert, wie es sollte. Sie könnten sich beschweren und würden sogar vor Gericht Recht bekommen, das Konsumentenschutzgesetz ist auf Ihrer Seite. Machen Sie keinen Gebrauch von Ihrem Recht. Lassen Sie »fünf gerade sein«.

✶

Schicken Sie ein Dankschreiben. Greifen Sie nicht nur dann zu Tinte und Feder, wenn Sie sich über irgendetwas geärgert haben, sondern schreiben Sie einen Brief, um sich zu bedanken, dass alles so wunderbar geklappt hat und dass man Sie so nett und zuvorkommend behandelt hat. Schreiben Sie den Musikern, die Sie in einem Konzert innerlich bewegt haben, eine Karte und sagen Sie es ihnen. Danken Sie einem Journalisten per Mail für einen hervorragenden Kommentar. Oder mailen Sie dem Abgeordneten Ihres Wahlkreises ein Dankeschön dafür, dass er in einer bestimmten Sache Rückgrat gezeigt hat.

✶

Schaufeln Sie Schnee. Sehen Sie nicht kopfschüttelnd zu, wie der Schnee in dichten, schweren Flocken zur Erde fällt. Stimmen Sie nicht in das allgemeine Klagelied ein, die Leute von der Schneeräumung hätten wieder einmal jämmerlich versagt. Ziehen Sie warme Kleidung und Handschuhe an, nehmen Sie die Schneeschaufel und gehen Sie ans Werk.

✶

Zaubern Sie Ihre Neidgefühle weg. Bekämpfen Sie Gefühle der Missgunst. Sagen Sie sich: »Ich bin im Stande anzuerkennen, dass der Andere geradeso gut ist wie ich. Weshalb sollte ich glauben, dass ich besser sein muss, um gut zu sein?« Wenn Sie schlecht mit Neid umgehen können, gehen Sie hin zu dem Beneideten und sagen Sie ihm: »Ich bin richtig neidisch auf Sie. Das hätte ich auch gerne hingekriegt!« Simsalabim sind Sie nicht mehr neidisch.

✶

Lassen Sie sich nicht den Mund verbieten. Schweigen Sie nicht, wenn Ihnen Ihr Gewissen sagt, dass Sie reden sollen. Selbst wenn es Vertreter der Kirche sein sollten, die Sie ermahnen, »um des lieben Friedens willen« nichts zu sagen. Wenn es wirklich um den Frieden geht, könnte das Schweigen zu gewissen Dingen unter Umständen tatsächlich eine Tugend sein. Aber der »liebe Frieden« ist meistens nichts anderes als der faule Kompromiss. Lassen Sie sich den Mund nicht verbieten. Öffnen Sie ihn. Jesus und die Apostel ermutigen Sie dazu.

✶

Springen Sie ein. Wenn alle die Idee gut finden, ist es doch meistens so, dass es an zupackenden Händen fehlt, den schönen Gedanken auch in die Tat umzusetzen. Sagen Sie sich: Ich unterstütze in Zukunft nur noch Ideen, bei denen ich auch wirklich »einspringen« kann mit meinen Talenten und Fähigkeiten – oder sagen Sie: »Ich würde das ja richtig gut finden, wenn ich die Zeit hätte daran mitzuarbeiten.«

✶

Lernen Sie, fair zu streiten. Ausrasten und voll die Aggressionen herauslassen ist keine gute Methode, mit Konflikten umzugehen. Ebenso wenig hilft es, notwendigen Auseinandersetzungen aus dem Weg gehen zu wollen, indem Sie die Tür zuknallen und sich beleidigt in den Schmollwinkel zurückziehen. Lösen Sie Konflikte, die sich nicht vermeiden lassen konnten, auf konstruktive Art. Vertiefen Sie Ihre Selbstwahrnehmung und lernen Sie, dem anderen Grenzen zu setzen. Machen Sie die Erfahrung, dass faires Streiten durchaus Spaß machen kann und letztlich zu mehr Verständnis und größerer Nähe führt.

✶

Entfalten Sie die in Ihnen schlummernden schöpferischen Kräfte. Malen Sie ein Bild. Lernen Sie, mit Aquarell- und Deckfarben umzugehen. Erproben Sie Acrylfarben und andere Techniken wie Collage oder Frottage. Lassen Sie andere an der Freude teilhaben, die Ihnen das Malen macht.

✶

Machen Sie Ihr Versprechen wahr. Speisen Sie Ihre Mitmenschen nicht mit leeren Versprechungen ab. Geben Sie weder Ihren Freunden noch Ihrem Partner, Ihren Kindern, Ihren Arbeitskollegen oder Ihren Vorgesetzten irgendwelche Zusagen, bei denen Ihnen eigentlich schon von vornherein klar sein müsste, dass Sie sie nicht erfüllen werden. Überlegen Sie, ob es in der letzten Zeit vorgekommen ist, dass Sie jemandem etwas versprochen haben, ohne Ihr Versprechen zu halten. Wenn es der Fall ist, fackeln Sie nicht lange und überraschen Sie Ihren Mitmenschen, indem Sie Ihr Versprechen wahr machen.

*

Feiern Sie ein Fest der Rettung. Sie haben eine kritische Situation erlebt. Es hätte böse für Sie ausgehen können. Um ein Haar, und Sie wären tot gewesen oder könnten den Rest Ihres Lebens im Rollstuhl verbringen. Nehmen Sie den glimpflich verlaufenen Unfall nicht einfach hin. Lassen Sie es auch nicht damit sein Bewenden haben, dass Sie ein frohes und dankbares Stoßgebet zum Himmel schicken. Laden Sie Freunde ein und feiern Sie mit Ihnen ein Freudenfest.

*

Packen Sie selbst mit an. Nehmen Sie Besen und Schaufel. Vor dem Haus, in dem Sie wohnen, liegt eine zerbrochene Glasflasche. Es ist kaum anzunehmen, dass sie jemand in böswilliger Absicht auf den Gehsteig geworfen hat. Vermutlich ist sie unbemerkt zu Boden gefallen. Höchstwahrscheinlich hat sie der Hausbewohner verloren, den Sie vor einer halben Stunde mit zwei Plastiktüten zum Altglascontainer gehen sahen. Warten Sie nicht, bis jemand kommt, der sich zuständig fühlt. Holen Sie Besen und Schaufel und räumen Sie die Scherben weg.

*

Spenden Sie per Dauerauftrag. Suchen Sie sich eine karitative Organisation aus, deren Aktionen Sie durch regelmäßige Spenden unterstützen möchten. Überlassen Sie die Zahlungen nicht dem Zufall. Rechnen Sie aus, wie viel Geld Sie pro Jahr/Monat erübrigen können, und lassen Sie die Zahlungen an das Spendenkonto von Ihrer Bank erledigen.

*

Ordnen Sie Ihren Kleiderschrank. Sondern Sie alle Kleidungsstücke aus, für die Sie keine Verwendung mehr haben. Schenken Sie sie jemandem, der sie brauchen kann. Wenn Ihnen niemand einfällt, dem Sie sie schenken könnten, geben Sie sie zur Altkleidersammlung.

*

Zählen Sie einmal Ihr Geld. Sehen Sie nach, wie viel Geld Sie in Ihrem Portemonnaie haben. Denken Sie dabei daran, dass die Urgemeinde die Vereinbarung hatte, den jeweils zehnten Teil des Geldes für die Armen zu geben. Rechnen Sie aus, wie viel der zehnte Teil von dem ist, was Sie gerade in der Tasche haben und prüfen Sie, wie weit es Ihnen wirklich möglich wäre, ohne dass Sie selber in finanzielle Schwierigkeiten geraten, diesen »Zehnten« mit Notleidenden zu teilen.

*

Überwinden Sie die Kälte. Machen Sie ein Gedankenexperiment. Versetzen Sie sich in die Lage jenes Polarforschers, der von den langen Nächten im ewigen Eis erzählt hat. Wenn er an seine Frau und seine Kinder dachte, dann war sein Herz voller Zärtlichkeit. Genau sah er, was er alles falsch gemacht hatte, wie lieblos er oft im alltäglichen Umgang gewesen war; und er nahm sich vor, es in Zukunft besser zu machen. Aber als er nach der Nordpolexpedition wieder zu Hause war und der Alltag wieder begann, begann auch wieder der alte Schlendrian.

Und der Polarforscher erinnerte sich an die Nächte im ewigen Eis. Fragen Sie sich mit ihm: »Wieso fällt es mir so schwer, das, was ich wirklich und ehrlichen Herzens will, tatsächlich zu tun?«

✶

Werfen Sie überflüssigen Kram weg. Entrümpeln Sie Ihre Wohnung, Ihren Keller, Ihre Garage. Leben Sie wieder wesentlicher. Bringen Sie Geist und Ordnung in Ihre Verhältnisse. Verschieben Sie die Aktion nicht auf den Sankt-Nimmerleins-Tag. Nehmen Sie sich so viel Zeit dafür, wie Sie brauchen. Legen Sie noch heute den Termin fest, an dem Sie damit beginnen.

✶

Studieren Sie das Fernsehprogramm. Überlassen Sie es nicht dem Zappfinger oder dem Zufall, was für Sendungen Sie sich ansehen. Liefern Sie sich nicht dem Unsinn aus, in den Sie durch planloses Herumzappen hineingeraten. Informieren Sie sich darüber, was in den nächsten Tagen über den Bildschirm flimmern wird, und treffen Sie eine Auswahl, die Ihnen, Ihrer Familie und Ihren Kindern gut tut. Sehen Sie sich nur Sendungen an, die Sie wirklich sehen möchten.

✶

Durchkreuzen Sie Intrigen. Sie haben durch Zufall erfahren, was Ihre Kolleginnen planen. Die Neue in der Buchhaltung soll einen Denkzettel erhalten. Keine Frage, die junge Frau hat sich höchst unklug eingeführt und sich mit Recht den Zorn der Belegschaft zugezogen. Aber Ihr Gerechtigkeitsgefühl sagt Ihnen: Was zu weit geht, geht zu weit. Sehen Sie nicht tatenlos zu. Dulden Sie nicht, dass man sich so infam in Stellung bringt. Sorgen Sie dafür, dass die Intrige misslingt. Starten Sie eine Gegenintrige.

✶

Verzichten Sie auf eine nahe liegende Ausrede. Bleiben Sie auch in geringfügigen Dingen ehrlich. Sie haben sich verspätet und jemanden unnötig lange warten lassen. Oder Sie hatten versprochen, für jemanden etwas zu besorgen, haben die Angelegenheit jedoch auf die leichte Schulter genommen und sich letztendlich überhaupt nicht darum gekümmert. Ihnen fallen sofort zweiundzwanzig gute Ausreden ein, die plausibel machen könnten, wieso Ihr Versäumnis in Wirklichkeit gar kein Fehlverhalten Ihrerseits war, sondern andere, völlig plausible Gründe hatte. Verzichten Sie darauf, bei der Verlogenheit Zuflucht zu nehmen, um selber gut dazustehen. Bleiben Sie ehrlich. Geben Sie Ihren Fehler zu und entschuldigen Sie sich.

✶

Schwelgen Sie in Milch und Honig. Laden Sie Freunde zu einem Fest ein, aber servieren Sie Ihnen nichts vom Lieferservice, sondern bereiten Sie nur den Einkauf vor. Kochen und planen, werkeln und brutzeln, backen und dekorieren Sie den Tisch gemeinsam (!) – und schwelgen Sie nach Herzenslust in all den Genüssen, die Sie gemeinsam aus vielen frischen Zutaten bereiten. Freuen Sie sich an der Welt, an Ihrer gemeinsamen Kreativität und an der Freundschaft, die sich über Pfannen, Tiegeln und Tellern wunderbar auffrischen lässt. Geben Sie sich so einen richtig deftig-sinnlichen Vorgeschmack auf die himmlische Seligkeit. Noch ein Tipp: Klären Sie vorher ab, ob jemand von den Eingeladenen Diabetiker ist.

Denken Sie Gedanken des Friedens. Jemand hat Sie wieder einmal fürchterlich provoziert. Folgen Sie nicht den alten Mustern von Rachsucht und Vergeltung. Starten Sie ganz bewusst ein Gegenprogramm. Fragen Sie sich, als ob Sie der Anwalt Ihres Gegners wären, was Sie zu seinen Gunsten vorbringen könnten. Finden Sie einen Weg, auf welchem Sie auf ihn zugehen können. Schaufeln Sie sich den Zugang zu diesem Weg frei, indem Sie sich die simple Tatsache in Erinnerung rufen, dass Ihr so genannter Feind genauso ein Kind Gottes ist wie Sie. Erteilen Sie dem Hass eine klare Absage. Denken Sie Gedanken des Friedens und nicht des Verderbens.

✶

Kaufen Sie einem Obdachlosen seine Zeitschrift ab. Gehen Sie nicht wieder achtlos vorbei, wenn Sie vor dem Bahnhof den Mann sehen, der Ihnen die Obdachlosen-Zeitschrift anbietet. Sagen Sie nicht: »Mich interessiert nicht, was da drin steht.« Sie brauchen sie gar nicht zu kaufen, um sie zu lesen. Aber wenn Sie schon so nett waren und den »Augustin«, den »Straßenkreuzer« oder wie die Zeitschrift eben heißt, gekauft haben, dann können Sie ruhig auch einen Blick hineinwerfen. Tun Sie es.

✶

Kaufen Sie in einem Dritte-Welt-Laden ein. Nehmen Sie die Ungerechtigkeit in der Welt nicht einfach achselzuckend hin, als ob es ein naturgegebenes Schicksal wäre, dass die internationalen Strukturen der Wirtschaft so beschaffen sind, dass die reichen Industrieländer in einem ungleich höheren Maß von den Produkten der Entwicklungsländer profitieren. Unterstützen Sie die Aktivitäten verschiedener Gruppen, durch direkte Vermarktung bestimmter Produkte den Landarbeitern in den Herkunftsländern einen fairen Preis bieten zu können.

*

Verblüffen Sie Ihre Widersacher. Hauen Sie nicht dagegen, wenn eine verletzende Bemerkung über Sie fällt. Parieren Sie nicht mit spitzer Zunge. Stellen Sie sich taub. Überhören Sie die Kränkung einfach.

7. Setzen Sie sich klare Ziele!

HANDELN SIE OHNE BERECHNUNG!

Eliminieren Sie die Elemente von Berechnung aus Ihren Akten der Nächstenliebe. Legen Sie sich die kleine Faustformel zurecht: Es zählt erst, wenn es nicht darum geschieht, dass ich auf meine Kosten komme. Gewiss handeln wir immer aus gemischten (eigennützigen und selbstlosen) Motiven. Aber in jedem christlichen Leben sollte es Handlungen geben, die absolut »nutzlos« sind.

Wenn du ein Mittagessen oder ein Abendmahl gibst, so lade nicht deine Freunde ein, auch nicht deine Brüder und Verwandten und nicht reiche Nachbarn; damit nicht auch sie dir eine Gegeneinladung machen und du eine Wiedererstattung erhältst. Lade vielmehr, wenn du ein Gastmahl gibst, Arme und Krüppel, Lahme und Blinde ein, und du wirst selig sein, weil sie keine Möglichkeit haben, dir zu vergelten. (Evangelium nach Lukas 14,12–14)

GEHEN SIE NICHT UNVERSÖHNT SCHLAFEN!

Wenn Sie in einer Partnerschaft leben, so machen Sie sich dies zu einer unbedingten Lebensregel: Wir können uns in die Haare kriegen, dass die Fetzen fliegen, aber wir gehen nicht schlafen, ohne dass wir unseren Streit durchkämpfen und zur Versöhnung finden; in unserem gemeinsamen Leben soll es keinen Tag geben, an dem wir im Streit voneinander geschieden sind.

Die Sonne soll nicht untergehen über eurem Zorn. (Brief an die Epheser 4,26)

MACHEN SIE SICH UNBELIEBT!

Machen Sie sich einmal so richtig unbeliebt, wenn es wieder einmal um Euthanasie, Abtreibung, Genmanipulation, soziale Verantwortung, Kindererziehung, Dritte Welt geht. Sagen Sie, was Sie sagen müssen, wenn Sie ein Christ sind! Bereiten Sie sich darauf vor, dass Sie wissen, was Sie sagen müssen, wenn Ihr Zeugnis gefordert ist.

Künde das Wort, tritt hin, ob gelegen oder ungelegen, beweise, tadle, ermahne mit aller Langmut und Belehrung. (Zweiter Brief an Timotheus 4,2)

SETZEN SIE LUST UND LIEBE EIN!

Gott hat sich aus freier Liebe für Sie entschieden. Verabschieden Sie sich von einem sauertöpfischen Christentum der Pflicht! Sie »dürfen« lieben und gut handeln! Entdecken Sie den Lustcharakter guten Handelns: Gut sein macht auch Spaß.

Deine gute Tat geschehe nicht erzwungen, sondern aus freier Entscheidung. (Brief an Philemon 14)

TEILEN, SCHENKEN, GEBEN!

Gehen Sie großzügig mit Ihrem Eigentum um! Für Christen gibt es kein absolutes Eigentumsrecht – Eigentum hat Sozialbindung. Betrachten Sie die Dinge, die Ihnen gehören, als eine Leihgabe Gottes und denken Sie, dass Gott es nicht nur am Ende von Ihnen zurückfordert, sondern hie und da schon heute, dann nämlich, wenn Sie zum Teilen und Schenken aufgefordert sind.

Gib jedem, der dich bittet; und wer das Deine nimmt, von dem fordere es nicht zurück. (Evangelium nach Lukas 6,30)

RÄCHEN SIE SICH NICHT!

Hüten Sie sich vor allen Akten der Rache, auch vor den »soften« Varianten (jemandem schlechte Gedanken oder Verwünschungen hinterherschicken)! Sie greifen damit in den Kompetenzbereich Gottes ein. Wenn Christen auf Rache verzichten, dann geschieht das aus dem Glauben heraus, dass es einmal Gerechtigkeit geben wird – und sei es am letzten Tag.

Rächt euch nicht selbst, sondern gebt Raum dem Zorn Gottes. Es steht ja geschrieben: »Mein ist die Rache; ich will vergelten, spricht der Herr.« (Brief an die Römer 12,19)

HEBEN SIE NICHT DIE HAND!

Legen Sie keine heiligen Versprechungen und Eide ab! Wenn das Schwören und Handheben auch politisch in Mode gekommen ist – auf die Bibel kann man sich dabei nicht berufen. Lieber gar nichts versprechen, als dass man eine Zusicherung erst noch mit einer feierlichen Versicherung hinterfüttern muss, bevor man Glauben findet. Ein »Ich werde es versuchen« ist immer ehrlicher als ein »Ich mache das. Du kannst dich darauf verlassen!«.

Vor allen Dingen, meine Brüder, schwört nicht, weder beim Himmel noch bei der Erde, noch sonst einen Eid. Euer Ja sei ein Ja, euer Nein ein Nein, damit ihr nicht dem Gericht verfallt. (Brief des Jakobus 5,12)

SAGEN SIE NIEMALS NIE!

Ziehen Sie keinen endgültigen Schlussstrich zwischen sich und einem anderen Menschen, selbst wenn er sich immer wieder an Ihnen versündigt hat. Und wenn Sie seine Gegenwart nicht ertragen und ihn nicht mehr sehen können und nicht mehr sehen wollen, so arbeiten Sie doch geistig daran, dass Sie ihm vergeben.

Wenn dein Bruder sündigt, so weise ihn zurecht; und wenn es ihn reut, so vergib ihm. Auch wenn er sieben Mal des Tages gegen dich sündigt und sieben Mal wieder zu dir kommt und spricht: »Es reut mich!« so vergib ihm. (Evangelium nach Lukas 17,3–4)

NIEMALS SEX OHNE LIEBE!

Auch wenn Sie Single sind: Lassen Sie sich auf keine Geschichten ein, bei denen es ausschließlich um Sex geht. Sex ist die schönste Ausdrucksform von Liebe. Sex ist nur möglich, wo verbindliche Liebe da ist. Alles andere nennt die Bibel Unzucht. Lassen Sie sich das Gegenteil nicht von Frauenzeitschriften und Männermagazinen sagen.

Lasst uns auch nicht Unzucht treiben. (Erster Brief an die Korinther 10,8)

SEIEN SIE LIEBEVOLL!

Bilden Sie einen besonderen »Lifestyle« heraus! Wenn man zu Ihnen kommt, Sie besucht, soll man überrascht sein, wie liebevoll Ihre Wohnung eingerichtet ist, wie liebevoll Sie miteinander umgehen, wie viel liebevolles Interesse an Ihren Augen und an Ihren Worten abzulesen ist. Tun Sie es nicht aufgesetzt und zwanghaft, sondern weil Sie in der Gegenwart eines liebenden Gottes stehen.

Alles, was ihr tut, geschehe in Liebe. (Erster Brief an die Korinther 16,14)

SPIELEN SIE NICHT MIT IHRER EHE!

Begehen Sie keinen Ehebruch; spielen Sie nicht »rein theoretisch« mit der Idee; hängen Sie gedanklich auch keinen alten Geschichten hinterher. Sie verraten nicht nur Ihren Partner – Sie verraten auch Ihren Glauben. Ihre Treue zu Ihrem Partner ist ein irdisches Zeichen für die unverbrüchliche Treue Gottes zu uns. Aber sagen Sie nicht nur Nein zur Möglichkeit außerehelichen »Lieben«; sagen Sie neu Ja zu Ihrem Partner – und lieben Sie ihn auch körperlich!

Ehrbar sei die Ehe in allem und das Ehebett unbefleckt. Denn Unzüchtige und Ehebrecher wird Gott richten. (Brief an die Hebräer 13,4)

BEACHTEN SIE DEN LERNEFFEKT!

Lernen Sie aus Ihren Fehlern; unternehmen Sie konkrete Schritte, um ihre Wiederholung zu verhindern! Wenn Sie die Ehe gebrochen haben, spielen Sie nicht mit dem Gedanken, es könnte ja vielleicht wieder »passieren«. Wenn Sie Ihre Kinder unterdrückt haben, überlegen Sie sich, wie Sie sie aufbauen können! Wenn Sie Gott vergessen haben, bauen Sie ihn in Ihren Terminkalender ein!

Geh hin und sündige von jetzt an nicht mehr. (Evangelium nach Johannes 8,11)

REDEN SIE NICHT ...

Machen Sie Gott keine falschen Versprechungen, die Sie morgen schon wieder vergessen haben. Legen Sie keine Gelübde ab, die Sie nicht halten können. Hören Sie auf, Instant-Gebete nachzuplappern. Aber finden Sie hin und wieder zu spontanen Gesten, mit denen Sie Ihre Verbindung mit Gott zum Ausdruck bringen. Wenn Sie zum Beispiel die nächste Zigarette Gott zuliebe nicht rauchen, das nächste böse Wort Gott zuliebe herunterschlucken – und Gott zuliebe noch einmal 10 Minuten warten, dann beten Sie mit Taten – nicht mit falschen Worten.

Nicht jeder, der zu mir sagt: »Herr, Herr!«, wird in das Himmelreich eingehen, sondern wer den Willen meines Vaters tut, der im Himmel ist. (Evangelium nach Matthäus 7,21)

UNTERSCHEIDEN SIE SICH!

Machen Sie nicht einfach alles mit, was »man« eben so tut! Sie müssen keine Drogen probiert haben. Sie müssen sich am Volkssport Steuerhinterziehung nicht beteiligen. Sie müssen auch Pornografie nicht schick finden. Keiner zwingt Sie dazu, einen Ehebruch für ein Kavaliersdelikt zu halten. Bleiben Sie mit ruhiger Kraft auf Ihrem Weg, den Gott Ihnen ins Leben bereitet hat.

Lasst euch retten aus diesem verderbten Geschlecht. (Apostelgeschichte 2,40)

MACHEN SIE SICH FREI!

Machen Sie sich nicht zum Hampelmann Ihrer Leidenschaften. Arbeiten Sie daran, dass Sie so frei werden, wie Gott

Sie haben möchte. Es geht nicht darum, die Lust schlecht zu machen. Aber die Lust soll zu Ihnen gehören, nicht Sie zur Lust. Wenn Sie abhängig sind, machen Sie sich nicht dauernd schlecht, reden Sie vielmehr mit einem kompetenten Menschen – und stärken Sie Ihre Verbindung zum Gott der Freiheit.

Die Christus angehören, haben das Fleisch samt den Leidenschaften und Begierden gekreuzigt. (Brief an die Galater 5,24)

LEBEN SIE NICHT NUR FÜRS GELDVERDIENEN!

Prüfen Sie sich, ob Sie übermäßig viel Zeit auf die Verbesserung Ihrer Kontoauszüge verwenden! Sie sollen schon darauf bedacht sein, dass Sie und die Menschen, für die Sie sorgen müssen, sicher und gut leben können. Aber dann sollten Sie Ihre Lebenszeit für Wichtigeres als Geldverdienen nutzen: Pflegen Sie Beziehungen, setzen Sie sich für das Gemeinwohl ein, investieren Sie Zeit in ein sinnvolles, erfüllendes Hobby – und gehen Sie in die Natur, um sich an Gottes Schöpfung zu freuen.

Euer Leben sei frei von Geldgier. Seid zufrieden mit dem, was ihr jetzt habt; denn Gott selbst hat gesagt: »Ich werde dich niemals verlassen und niemals preisgeben.« So können wir mit Vertrauen sprechen: »Der Herr ist mein Helfer, ich fürchte mich nicht. Was will ein Mensch mir antun?« (Brief an die Hebräer 13,5–6)

ACHTEN SIE AUF DIE PRIORITÄTEN!

Reiten Sie nicht auf Nebensächlichkeiten herum! Beurteilen Sie eine Sache immer nach der Liebe, mit der sie gemacht wurde. Nicht das Ergebnis eines Projektes zählt, sondern die Leidenschaft, mit der es geplant, die Sorgfalt, mit der es durchgeführt und die Langmut, mit der es durchgetragen wurde.

Weh euch, ihr Schriftgelehrten und Pharisäer, ihr Heuchler. Ihr gebt den Zehnten von Minze, Anis und Kümmel, aber das Wichtigere des Gesetzes, die Gerechtigkeit, die Barmherzigkeit und die Treue vernachlässigt ihr. Dies soll man tun und jenes nicht unterlassen. (Evangelium nach Matthäus 23,23)

BITTE HEIMLICH!

Seien Sie heimlich fromm! Sie benötigen kein Publikum! Frömmigkeit hat viel mit Sex zu tun! Beides gehört in den Raum der Liebe – und da sind Zuschauer fehl am Platz. Wer fromm sein will, kann beten (= Sprechen mit Gott) oder fasten (= aus Liebe zu Gott auf etwas Wertvolles und Schönes verzichten). Die alten Mönche wussten noch um den Zusammenklang dieser beiden Frömmigkeitsübungen. Beide sind sie Ausdrucksformen intimer Liebe; sie werden durch »Vermarktung« zerstört. Darum: Tun Sie's – aber heimlich!

Wenn ihr aber fastet, so schaut nicht trübselig drein wie die Heuchler. Denn diese entstellen ihr Antlitz, damit die

Leute sehen, dass sie fasten. Wahrlich, ich sage euch: Sie haben ihren Lohn schon empfangen. Du aber, wenn du fastest, salbe dein Haupt und wasche dein Angesicht, damit es die Leute nicht sehen, dass du fastest, sondern nur dein Vater, der im Verborgenen ist; und dein Vater, der im Verborgenen sieht, wird dir vergelten. (Evangelium nach Matthäus 6,16–18)

CHRISTSEIN OHNE SHOW

Sie sollten nichts dagegen haben, dass Ihnen jemand beim Christsein zuschaut, aber hören Sie auf damit, Christ zu sein, um sich dabei zuschauen zu lassen!

Gebt Acht, dass ihr eure Gerechtigkeit nicht vor den Menschen übt, um euch ihnen zu zeigen. (Evangelium nach Matthäus 6,1)

RAUS AUS DEM TEUFELSKREIS!

Reagieren Sie untypisch: Je heftiger man gegen Sie vorgeht, desto nachdrücklicher arbeiten Sie »für« Ihre Gegner. Das müssen Sie nicht öffentlich tun: Dass Sie innerlich beten und segnen, sieht man Ihnen nicht an. Die Feindesliebe ist das schockierend Neue, das mit Jesus in die Welt gekommen ist. Sie ist nirgendwo ableitbar, aus nichts zu erklären. Aber es ist die einzig wirksame Strategie, um den Teufelskreis der Gewalt zu durchbrechen.

Liebet eure Feinde. Tut Gutes denen, die euch hassen. Segnet, die euch fluchen. Betet für jene, die euch beschimpfen. (Evangelium nach Lukas 6,27–28)

ZEIGEN SIE SPORTSGEIST!

Betrachten Sie Ihr Christsein als sportliche Herausforderung. Sie müssen trainieren – und um zu gewinnen, müssen Sie das täglich tun. Sie können sich keine Abstürze ins Lotterleben leisten, sondern müssen ganz wach und immer auf Ihre Form bedacht sein. Und Sie laufen gegen andere, die den Menschen auch dies und das versprechen. Sie können zeigen, dass man als Christ gelassener, fröhlicher, optimistischer, tatkräftiger, ehrlicher und authentischer leben kann, als es »ohne« möglich ist.

Wisst ihr nicht, dass die Läufer in der Rennbahn zwar alle laufen, aber nur einer den Preis erlangt? Lauft so, dass ihr ihn erlangt. (Erster Brief an die Korinther 9,24)

NEU ANFANGEN!

Integrieren Sie Ihre Vergangenheit, arbeiten Sie sie auf! Niemand muss gleich Leichen im Keller haben – aber jeder hat Erlebnisse, an die er nur mit Scham zurückdenkt: auf Kosten anderer gelebt, jemanden übervorteilt, einen anderen um die Früchte seiner Arbeit betrogen, die Liebe eines anderen Menschen egoistisch ausgenutzt ... Drei Dinge sind wichtig: 1. Die wirkliche Abkehr, 2. Die Versöhnung mit und das Heilenlassen durch Gott, 3. Die neue, aufbauende Praxis, wo ich früher zerstört habe.

Wer gestohlen hat, stehle nicht mehr, sondern er arbeite und schaffe mit seinen Händen Gutes, damit er in der Lage sei, dem Bedürftigen davon zukommen zu lassen. (Brief an die Epheser 4,28)

ZUVORKOMMEND SEIN!

Warten Sie nicht, dass der andere auch einmal kommt, Sie auch einmal ins Spiel bringt, Ihnen zurückschreibt, sich bei Ihnen bedankt, Ihnen entgegenkommt: Seien Sie »zuvorkommend«, und zwar hartnäckig, ohne zu rechnen. Es wird Ihnen möglicherweise keine Vorteile bringen. Aber es entspricht der Art Christi und ist ein Zeichen seiner Nachfolger, dass sie nicht erst auf Gegenleistung wagen, sondern kühn in Vorleistung gehen – nur so ändert sich etwas in dieser Welt des Gibst-du-mir-was-geb-ich-dir-was.

Seid herzlich einander in brüderlicher Liebe, mit Achtung einander zuvorkommend! (Brief an die Römer 12,10)

Lesen Sie nicht über Diäten – machen Sie eine. Die Vernunft sagt es Ihnen: Es wäre gut, wenn Sie sich entschließen könnten, eine Diät zu machen und ein paar Pfund abzuspecken. Schieben Sie den Entschluss, es tatsächlich zu tun, nicht noch länger vor sich her, sondern entschließen Sie sich. Machen Sie die Diät.

Seien Sie aufgeschlossen für neue Dinge. Interessieren Sie sich für Neues, aber halten Sie das Neue nicht schon deshalb für gut, weil es neu ist.

✶

Schützen Sie Tiere. Schreiten Sie ein, wenn Sie Zeuge werden, dass ein Tier gequält wird. Schauen Sie nicht weg. Lassen Sie sich nicht einreden, dies ginge Sie nichts an oder das Ganze sei ohnehin »harmlos«. Bringen Sie Ihre Überzeugung zum Ausdruck, dass wir Menschen verantwortungsvoll mit Tieren umgehen sollen. Machen Sie den Tierquäler darauf aufmerksam, dass es Gesetze zum Schutz unserer Mitgeschöpfe gibt. Versuchen Sie sich nicht mit dem Gedanken zu beruhigen, dass es auf der Welt so viel anderes Leid der Tiere gibt, das Sie nicht verhindern können – verhindern Sie dieses hier.

✶

Stellen Sie sich am Abend eine wichtige Frage. Fragen Sie sich, ehe Sie den Tag beschließen: »Habe ich mich heute schon gefreut? Habe ich heute gelacht oder andere zum Lachen gebracht?« Und wenn Sie leider mit »Nein« antworten müssten, dann holen Sie das Versäumte schleunigst nach. Denken Sie an einen Menschen, bei dem Ihnen das Herz warm wird. Oder denken Sie an den Tag auf dem Meer oder die Wanderung durch die Berglandschaft. Seien Sie dankbar und lächeln Sie innerlich.

✶

Halten Sie Telefonkontakt. Lassen Sie es nicht bei der leeren Beteuerung, dass man in Zukunft häufiger miteinander telefonieren sollte. Machen Sie sich kleine »T«s (für Telefon) in Ihren Kalender und schreiben Sie den Namen des Menschen dahinter, mit dem Sie Kontakt halten möchten. Damit andere (aber auch Sie) nicht vereinsamen, braucht es diesen kleinen Anstoß für mehr Kommunikation.

*

Rufen Sie einen einsamen Menschen an. Führen Sie mit einem Menschen, von dem Sie wissen, dass er allein lebt und praktisch niemanden hat, der sich um ihn kümmert, ein Telefongespräch. Tun Sie es regelmäßig. Rufen Sie ihn einmal in der Woche an. Erzählen Sie ihm von Ihrem Leben und hören Sie sich geduldig an, was er Ihnen zu erzählen hat, mag es auch noch so banal sein. Geben Sie ihm das Gefühl, dass er nicht allein mit seiner Einsamkeit ist.

*

Ergreifen Sie Partei für die Schwachen. Sie sehen, wie die anderen Leute an der Bushaltestelle von den beiden Obdachlosen abrücken, die sich auf der Bank breit gemacht haben. Machen Sie nicht mit. Setzen Sie gegen dieses Zeichen der Ausgrenzung Ihrerseits ein Zeichen. Wechseln Sie die Seiten. Setzen Sie sich zu den Obdachlosen auf die Parkbank.

*

Spielen Sie auf einem Musikinstrument. Nehmen Sie sich Zeit, um auf einem Instrument, das Sie spielen gelernt haben, ein paar Musikstücke zu spielen. Falls Sie nicht Musiker sind und von Berufs wegen regelmäßig üben müssen, wird es sicherlich viel zu selten vorkommen, dass Sie dies tun. Tun Sie es mit umso größerer Hingabe. Falls Sie kein Musikinstrument spielen gelernt haben, nehmen Sie eines, bei dem man nichts »können« muss. Schlagen Sie eine Trommel, spielen Sie auf der Triangel oder entlocken Sie dem Xylophon schöne Töne. Übrigens kann man die meisten Instrumente auch noch im fortgeschrittenen Alter erlernen. Besonders wenn Menschen dazu neigen, ständig über sich zu grübeln, oder sich in ihrer Freizeit nur noch »betäuben«, ist die Hingabe an die Musik eine der besten Methoden von sich wegzukommen und zu entspannen.

✶

Seien Sie schnell entschlossen, zu geben. Denken Sie nicht nach, ob Sie der Flüchtlingsfrau, die Sie auf der Straße anbettelt, etwas geben sollen oder nicht. Geben Sie ihr etwas. Verzichten Sie darauf, lange Überlegungen anzustellen, ob es dieser Mensch wohl verdient, dass Sie ihm etwas geben, oder ob hier nur auf raffinierte Weise versucht wird, Ihre Mildtätigkeit auszunützen. Nützen Sie einfach die Chance, genau in diesem Menschen, der Ihnen hier und jetzt begegnet, Christus zu begegnen, dessen himmlischer Vater seine Sonne aufgehen lässt über Gerechte und Ungerechte.

✶

Lassen Sie sich nicht provozieren. Schon einmal erlebt? Ihnen wird der Weg durch gewaltbereite Jugendliche versperrt. Schimpfen Sie nicht, weichen Sie aber auch nicht zurück. Wählen Sie eine andere Art der Reaktion. Unterlaufen Sie das Erwartungsmuter. Tun Sie einfach, als wäre der Weg frei. Gehen Sie zielstrebig los – nicht wie ein Kampfstier in die Arena, sondern ganz normal, wie man eben geht, aber mit unmissverständlich kräftigen Schritten. Sie können sicher sein, die Provokateure werden ausweichen und sich nicht freiwillig von Ihnen treten lassen. Sie werden so verblüfft sein, dass sie Ihnen nicht einmal üble Bemerkungen nachrufen werden. Und wenn doch, lassen Sie sich davon ebenfalls nicht provozieren. Ignorieren Sie die Rufe. Lassen Sie das Gegröle wirkungslos an sich abprallen. Signalisieren Sie den Leuten: »Wenn ihr vernünftig mit mir reden wollt, bitte sehr. Aber so nicht!«

✶

Übernehmen Sie Verantwortung. Heben Sie eine achtlos weggeworfene Getränkedose auf, die Sie auf dem Boden liegen sehen, und werfen Sie sie in den Abfallkorb. Tun Sie es aber nicht, indem Sie sich innerlich darüber entrüsten, wie unerzogen und rücksichtslos andere Menschen im Gegensatz zu Ihnen sind, sondern verstehen Sie Ihre Aktion als stillen Dienst.

✶

Versenden Sie prinzipiell nur persönlich gehaltene Geburtstagswünsche. Schicken Sie keinen Standard-Postkarten, nichts Vorgedrucktes. Formulieren Sie einen Wunsch, mit dem das Geburtstagskind nicht gerechnet hat.

✶

Reichen Sie hilfreiches Wissen an andere weiter. Warnen Sie entgegenkommende Autofahrer vor einen Radarfalle. Geben Sie eine bereichernde Internetseite per Link an Freunde weiter. Zeigen Sie einem Jugendlichen, wie man mit ein paar Handgriffen einen Rollstuhl am schnellsten zusammenlegt, wie man ihn im Kofferraum praktisch und sicher verstaut, um ihn an Ort und Stelle möglichst rasch wieder in Gang setzen zu können.

✶

Besuchen Sie eine Wahlkampfveranstaltung. Reden Sie nicht bloß darüber, dass Sie die Selbstbedienungsmentalität mancher Politiker satt haben, dass Familien finanziell besser gestellt werden müssen oder dass die Parteien gerade das Solidarprinzip aufgeben. Treffen Sie konkrete Politiker da, wo sie zu treffen sind: auf Wahlkampfveranstaltungen. Nutzen Sie die Chance der direkten Konfrontation. Melden Sie sich zu Wort und sagen Sie, was Sie ihm immer schon sagen wollten.

*

Machen Sie Ihre Schattenseiten zu einem Highlight. Benutzen Sie Ihre Fähigkeit, den Tonfall und die Gesten Ihrer Mitmenschen treffend nachzuahmen, nicht dazu, andere zu verspotten und sich in fröhlicher Runde auf Kosten anderer zu amüsieren. Nutzen Sie Ihr Talent auf bessere Art. Studieren Sie einen Sketch ein und treten Sie damit beim Firmenfest, am Seniorennachmittag oder bei einer anderen passenden Gelegenheit auf.

*

Verbeißen Sie sich eine Zurechtweisung. Sie sehen, dass Ihr Kollege wieder einmal die Unterlagen nicht weitergeleitet hat, obwohl Sie ihn schon mehrfach darauf hingewiesen haben – schließlich müssen auch andere Leute Einsicht nehmen. Reagieren Sie diesmal nicht wie sonst immer, sondern sagen Sie nichts. Nehmen Sie die Unterlagen, leiten Sie sie weiter – und sagen Sie niemandem etwas davon. Drücken Sie auch mal ein Auge zu. Denn nowbody is perfect.

*

Beziehen Sie Position. Halten Sie mir Ihrer Meinung nicht hinter dem Berg. Sagen Sie, was Sie denken. Sorgen Sie dafür, das auch andere erfahren, wie Sie denken. Schreiben Sie einen Leserbrief an die Zeitung. Rufen Sie während einer Livesendung im Radio an. Melden Sie sich bei einer Publikumsdiskussion zu Wort.

✶

Beteiligen Sie sich an einer Bürgerinitiative. Überlassen Sie das Protestieren nicht nur den anderen. Engagieren Sie sich und machen Sie mit, um die Politiker in Ihrer Region dazu zu bringen, jene unsinnige Entscheidung zurückzunehmen, die Ihnen und vielen Ihrer Mitbürger ein Dorn im Auge ist.

✶

Holen Sie sich Rat. Sie müssen eine Frage entscheiden, in der Sie sich unsicher sind. Zum Beispiel, ob Sie Ihrer Tochter erlauben sollen, zusammen mit ihrem Freund in den Urlaub zu fahren, oder ob Sie sich auf den Standpunkt stellen sollen, dass sie dafür noch zu jung ist. Sie befürchten, es könnte ein Fehler sein, wenn Sie sich für die eine Möglichkeit entscheiden. Sie befürchten allerdings auch, es könnte ein Fehler sein, wenn Sie sich für das Gegenteil entscheiden. Quälen Sie sich nicht endlos herum. Holen Sie sich Rat. Vielleicht sind Sie hinterher klüger oder haben wenigstens bessere Argumente kennen gelernt, die Ihnen erleichtern, sich in der einen oder anderen Weise zu entscheiden. Entscheiden müssen dann ohnehin Sie selber. Aber der Rat macht Sie sicherer und vermindert Ihre Selbstzweifel.

✶

Seien Sie ganz bei der Sache. Ergreifen Sie Maßnahmen gegen die Zerstreuung und fangen Sie sofort damit an. Tun Sie das, was Sie tun, und nichts anderes. Seien Sie ganz bei der Sache. Tun Sie nicht zwei oder drei Dinge gleichzeitig, sondern nur das eine. Widmen Sie sich dem

Telefongespräch, das Sie gerade führen, und denken Sie während des Telefonierens nicht schon daran, wie Sie anschließend ins Auto steigen und in die Nachbarstadt fahren werden. Lösen Sie das Kreuzworträtsel, das Sie eben lösen, und seien Sie im Geiste nicht schon beim Kegelabend. Trinken Sie das Glas Bier, das Sie bestellt haben, mit Bedacht und genießen Sie es, statt es schnell hinunterzuschütten.

✶

Lassen Sie sich nicht auf die Palme bringen. Besiegen Sie Ihren Jähzorn. Folgen Sie nicht der Logik des Roten Tuches. Seien Sie nicht der wilde Stier, der vom Jähzorn gepackt wird. Packen vielmehr Sie den Stier bei den Hörnern und besiegen Sie Ihren Jähzorn.

✶

Tun Sie nicht das Gute, sondern das Bessere. Nehmen Sie sich fünf Minuten Zeit, um darüber nachzudenken, wie und wo Sie heute etwas Gutes tun können, statt Ihre Zeit für Nichtigkeiten zu verschwenden. Geben Sie sich nicht zufrieden, ehe Sie nicht fünf gute Vorsätze gefasst haben. Prüfen Sie, welche von diesen allesamt guten Vorsätzen besser sind als die anderen und welcher am Ende als der wichtigste und sinnvollste Vorsatz übrig bleibt. Wenn Sie es herausgefunden haben, heben Sie sich die anderen vier guten Vorsätze für später auf und tun ohne Umschweife das, was sie als das Wichtigste und Sinnvollste erkannt haben.

✶

Geben Sie nach, obwohl Sie Recht haben. Bestehen Sie nicht aus purer Rechthaberei darauf, dass der Andere alles genau so sehen muss wie Sie. Lassen Sie ihm seine

Sicht, auch wenn es in Ihren Augen eine falsche Sicht ist. Kämpfen Sie dort, wo es um etwas wirklich Wichtiges geht, und streiten Sie nicht wegen geringfügiger Dinge.

✶

Unterstützen Sie ein Umweltschutzprojekt. Machen Sie es wie die 13-jährige Tochter eines Freundes, die mich immer wieder durch ihr soziales Engagement überrascht. Die Schülerin hatte Woche für Woche einen Teil ihres Taschengeldes auf die Seite gelegt. »Ursprünglich wollte ich den gesparten Betrag für die Flüchtlingshilfe spenden«, sagte das 13-jährige Mädchen, »aber dann habe ich mich dafür entschieden, mit meinem Geld lieber ein Umweltschutzprojekt zu unterstützen. Denn Flüchtlinge wird es immer geben; aber wenn die Umwelt einmal kaputt ist, kann man die Flüchtlinge auch nicht mehr retten.« Machen Sie es wie die Kleine. Setzen Sie sich ein für die Bewahrung der Schöpfung.

✶

Seien Sie »genießbar«. Sie haben schlechte Laune. Das kann vorkommen. Lassen Sie diese aber nicht an Ihren Mitmenschen aus. Ihr Ehepartner, Ihre Schüler, Ihre Mitarbeiter oder Ihre Kunden sind nicht dazu geboren und auf die Welt gekommen, um Ihnen als Blitzableiter für Ihre Zornesausbrüche zu dienen. Sollte es bereits passiert sein, ehe Sie Zeit gehabt hatten, sich darauf zu besinnen, dass es besser gewesen wäre, sich diszipliniert zu verhalten, beweisen Sie wenigstens dadurch, dass Sie »genießbar« sind, indem Sie sich höflich entschuldigen.

✶

Fangen Sie heute noch an. Sie haben eingesehen, dass Sie Ihr Leben ändern wollen – oder, um überhaupt weiterleben zu können, schleunigst ändern müssen. Verschieben Sie den ersten Schritt nicht auf morgen. Der heutige Tag ist der erste Tag vom Rest Ihres Lebens. Tun Sie morgen, was morgen zu tun sein wird. Aber versäumen Sie nicht heute zu tun, was heute getan werden muss.

✶

Seien Sie diskret. Erzählen Sie nicht unbedacht weiter, was man Ihnen im Vertrauen gesagt hat. Machen Sie sich zum Motto: »Lieber hundert Worte zu wenig als eines zu viel in Dingen, in denen ein Geheimnis verletzt werden könnte.«

✶

Machen Sie sich eine Spendenliste. Schreiben Sie sich am Anfang eines neuen Jahres auf, welches »Budget« Sie sich zum Ziel setzen und welche Institutionen und Hilfsorganisationen Sie diesmal durch eine Spende unterstützen wollen. Unter www.dzi.de (Deutsches Zentralinstitut für soziale Fragen) finden Sie übrigens eine Bewertung, ob Ihre Hilfsorganisation spendenwürdig ist.

✶

Packen Sie den Stier bei den Hörnern. Ärgern Sie sich nicht über Ihre Inkonsequenz. Ändern Sie sich lieber. Unterteilen Sie aber Ihren Neuansatz in kleine Etappen. Es nützt Ihnen wenig, wenn Sie zum x-ten mal Ihren Vorsatz erneuern, ab morgen nicht zu rauchen. Sonst geht es Ihnen wie dem Mann, der sagte: »Rauchen aufhören ist ganz einfach. Ich habe es schon 100-mal geschafft!«. Kaufen Sie sich lieber als Schritt 1 ein Buch oder klicken Sie einmal bei Focus-online hinein; dort gibt es ein begleitetes Nichtrauchertraining. Lassen Sie Ihrer Einsicht bewusst kleine Taten folgen. Tun Sie den ersten Schritt.

Setzen Sie sich ein Lebensziel. Warten Sie nicht darauf, bis bei Ihnen das eintritt, was Ihnen jeder Psychologe prophezeien kann, ohne dabei zu riskieren, dass er mit seiner Prognose daneben liegt: Wenn Sie nicht wissen, was Sie eigentlich wollen, dann werden Sie mit der Zeit seelisch krank. Machen Sie sich klar, was Ihr Ziel ist, und wenn Sie dann klar erkennen, dass Sie eigentlich keines haben – setzen Sie sich eines! Beginnen Sie zur Sicherheit gleich mit dem letzten Ziel Ihres Lebens. Setzen Sie sich zum Ziel, durch alles, was Sie tun, jene Ganzheit zu erreichen, die in der Sprache des Glaubens »ewiges Leben« heißt. Versuchen Sie, sich die tagtägliche Annäherung an dieses Ziel mit dem kleinen Vierzeiler bewusst zu machen, den Josef Schultes für Schulkinder verfasst hat, dessen Inhalt aber genauso gut für Erwachsene zutrifft: »Es ist sehr viel, / was ich heut tu: / Ich hab' ein Ziel / und geh' drauf zu!«

✶

Folgen Sie einem Stern. Machen Sie es wie die heiligen drei Könige aus dem Morgenland, die einen Stern gesehen haben und ihm gefolgt sind, bis er sie zum neugeborenen Erlöser brachte. Halten Sie Ausschau nach einem »Stern«, der ganz speziell für Sie aufgegangen ist und der Sie einlädt, ihm zu folgen: ein ideales Ziel, das Sie erreichen möchten. Setzen Sie das Ziel nicht zu hoch an, damit Sie es innerhalb einer bestimmten Zeit tatsächlich erreichen können. Wählen Sie zum Beispiel die Tugend der Ausdauer zum »Stern des Monats«. Bemühen Sie sich einen Monat lang, Ihre Leistungen in puncto Ausdauer zu verbessern. Prüfen Sie am Ende des Monats, ob es Ihnen gelungen ist, eine unangenehme Tätigkeit, die Sie bisher immer schon nach kürzester Zeit beendet haben, länger durchzuhalten als am Anfang des Monats.

✶

Flunkern Sie nicht beim Telefonieren. Erzählen Sie keine Fantasiegeschichten, um sich interessant zu machen. Nehmen Sie es auch in geringfügigen Dingen mit der Wahrheit genau. Versuchen Sie nicht, sich die Anerkennung eines Menschen durch Schwindeleien zu erschleichen.

✶

Machen Sie sich eine Checkliste. Seien Sie nicht der Hampelmann Ihrer Umwelt und Ihrer Termine. Lassen Sie sich nicht von äußeren Umständen bestimmen, sondern entscheiden Sie selbst, für welche Dinge Sie sich Zeit nehmen. Bewerten Sie die Tätigkeiten, die Sie zu erledigen haben, nach ihrer Wichtigkeit und legen Sie fest, in welcher Reihenfolge Sie sie am besten erledigen können. Halten Sie sich an diese Reihenfolge. Machen Sie nicht wieder den Fehler, das Unwichtigste zuerst zu tun. Erledigen Sie das, wofür Sie am meisten Konzentration und Energie benötigen, solange Sie noch voll fit sind.

✶

Trennen Sie sich von schädlichen Einflüssen. Ziehen Sie einfach die Konsequenzen aus schlechten Erfahrungen. Meiden Sie die Gesellschaft von Leuten, die einen schädlichen Einfluss auf Sie ausüben, so wie man mit dem Rauchen aufhört oder sich das Trinken von hochprozentigen Schnäpsen abgewöhnt. Gehen Sie nicht mehr hin und fangen Sie mit den frei gewordenen Abenden etwas Besseres an.

✶

Vergrößern Sie das Repertoire Ihrer guten Gewohnheiten. Gewöhnen Sie sich an, grundsätzlich nicht schlecht über Abwesende zu reden. Nehmen Sie zu Treffs mehr mit, als Sie allein für sich brauchen – Sie können dann teilen. Rufen Sie öfter zu Hause an. Seien Sie grundsätzlich und immer pünktlich. Halten Sie fünf Minuten am Tag Stille. Essen und trinken Sie nicht mehr, als Ihnen gut tut. Rauchen Sie nicht während der Arbeit. *Gönnen Sie sich mehr Schlaf. Machen Sie das Gute nicht zum Ausnahmefall, sondern zur Gewohnheit.*

✶

Setzen Sie Prioritäten. Verzetteln Sie sich nicht. Wenn Sie sich zu viel auf einmal vornehmen, erledigen Sie am Ende gar nichts. Ganz bestimmt bleibt dann das Wichtigste unerledigt. Legen Sie sich nicht gleich ein ganzes Bündel von guten Vorsätzen zurecht. Beschränken Sie sich auf einen. Einer genügt. Konzentrieren Sie sich auf ihn. Denken Sie nicht darüber nach, was Sie sonst noch alles tun können, sondern tun Sie einfach, was Sie sich vorgenommen haben.

✶

Dulden Sie keine Ausreden. Lassen Sie sich nicht auf billige Weise abspeisen. Nehmen Sie es nicht hin, wenn man Ihnen mit fadenscheinigen Begründungen kommt. Seien Sie hartnäckig, wenn Sie merken, dass man Sie um den Finger wickeln möchte. Machen Sie deutlich, dass Sie nicht gewillt sind, sich belügen lassen. Fordern Sie Wahrhaftigkeit ein.

✶

Geben Sie eine persönliche Antwort. Beantworten Sie eine Frage, die Ihnen aus bloßer Höflichkeit gestellt wird, nicht ebenfalls wieder mit einer höflichen Floskel, sondern nehmen Sie die oberflächlich hingesprochene Frage zum Anlass, etwas tiefer Gehendes mitzuteilen. Machen Sie es ähnlich wie der Theologe Karl Rahner, der dem Papst, als er ihn in einer Audienz anlässlich seines achtzigsten Geburtstags fragte: »Pater Rahner, was machen Sie derzeit?«, zur Antwort gab: »Heiliger Vater, ich warte auf den Tod.«

8. Öffnen Sie sich für den Geist Gottes!

REALISIEREN SIE IHRE TAUFE!

Beschäftigen Sie sich einmal in einer stillen Stunde mit Ihrer eigenen Taufe! Suchen Sie das Fotoalbum heraus, das Ihre Eltern angelegt haben, und betrachten Sie es in aller Ruhe! Welche Wünsche Ihrer Eltern verbanden sich damit, dass Sie über die Taufe gehalten wurden? Nehmen Sie das Gotteslob und schauen Sie sich den Taufritus an! Haben diese Texte Sie existenziell eingeholt? Können Sie sie aus ganzem Herzen glauben und nachsprechen? Oder wo sind noch Defizite?

Bekehrt euch, und ein jeder von euch lasse sich taufen auf den Namen Jesu Christi zur Vergebung eurer Sünden, und ihr werdet die Gabe des Heiligen Geistes empfangen. (Apostelgeschichte 2,38)

NEUE VERHALTENSMUSTER

Gehen Sie zur Quelle, die immer für Sie da ist: Rufen Sie den Heiligen Geist an! Leben Sie »geistlich« – lassen Sie sich vom Geist führen, damit Sie bessere Verhaltensmuster finden als die alten. Beten Sie den uralten Hymnus: »Was befleckt ist, wasche rein, Dürrem gieße Leben ein, heile du, wo Krankheit quält. Wärme du, was kalt und hart, löse, was in sich erstarrt, lenke, was den Weg verfehlt.«

Alle Bitterkeit, aller Grimm und Zorn, alles Schreien und Lästern sei fern von euch samt aller Bosheit. (Brief an die Epheser 4,31)

AUS ERINNERUNG LEBEN

Erinnern Sie sich an alle Menschen, die Sie zum Glauben geführt haben und die Sie beeindruckt haben. Waren es die Eltern? Lehrer? Freunde? Wildfremde Menschen? Was hat Ihnen an denen imponiert? Was fehlt Ihnen, dass die nächste Generation in Ihnen etwas Vergleichbareres sehen kann? Ist es Ausstrahlung, Konsequenz, ein regelmäßiges Gebetsleben, eine falsche Lebensform? Wo müssen Sie ansetzen, was müssen Sie verändern, damit Sie als Christ Nachahmer finden?

Gedenkt eurer Vorsteher, die euch das Wort Gottes verkündet haben. Seht auf den Ausgang ihres Wandels, ahmt ihren Glauben nach. (Brief an die Hebräer 13,7)

AUS ERFAHRUNG GUT

Verfolgen Sie Ihre Ziele konsequent! Lernen Sie den Schatz Ihrer Erfahrungen zu schätzen! Vielleicht hilft es Ihnen, wenn Sie ein Heft anlegen, in dem Sie nur bestimmte Erfahrungen und Gewissheiten verzeichnen, die Sie sicher gewonnen haben. Ein gelegentlicher Blick in dieses Heft verbindet Sie wieder mit Ihrem roten Faden!

Wir sollen nicht mehr unmündige Kinder sein, die auf den Wogen schaukeln und von jedem Wind der Lehre hin und her getrieben werden im Trugspiel der Menschen, das auf Täuschung und Verführung ausgeht. (Brief an die Epheser 4,14)

EINSTIEG

Beginnen Sie jeden Tag mit einem Akt der Versöhnung: Was immer gewesen ist zwischen Ihnen und anderen (und was immer heute kommen mag) – Sie vergeben und gehen nicht mit einem feindlichen Vorurteil in den Tag und die Begegnung mit dem anderen. Bedenken Sie: Auch Gott hebt immer wieder das Urteil, das er von Ihnen haben muss, auf – er verzeiht Ihnen täglich! Aber er zählt auf Kettenreaktion. Unterbrechen Sie die Kette der Versöhnungen nicht!

Und wenn ihr geht und betet und ihr habt etwas gegen einen, so vergebt, damit auch euer Vater im Himmel euch eure Übertretungen vergebe. (Evangelium nach Markus 11,25)

EIN WORT IST EIN WORT

Bemühen Sie sich immer häufiger um eine klare Sprache! Halten Sie sich keine Schlupflöcher offen! Bemänteln Sie nichts! Gestehen Sie Irrtümer ein! Lassen Sie nichts im Ungefähren; sprechen Sie aus, was Sie denken, und lassen Sie sich beim Wort nehmen! Sie weisen damit auf Gott hin, der sich in Jesus Christus festgelegt hat auf ein unwiderrufliches »Ja« zu uns Sündern.

Es sei euer Wort Ja ein Ja, Nein ein Nein. Was darüber ist, das ist vom Bösen. (Evangelium nach Matthäus 5,37)

SEIN UND HABEN

Definieren Sie sich unter keinen Umständen über das, was Sie »haben«! Fallen Sie nicht auf den Slogan »Hast du was, dann bist du was« herein! Wenn Sie sehr an materiellen Dingen hängen, sollten Sie das Weggeben (das im Sterben jeder können muss) jetzt schon bewusst einüben. Verschenken Sie Dinge, auch solche, die Ihnen kostbar sind! Geben Sie Dinge weg, die Sie nicht mehr brauchen!

Seht zu und hütet euch vor aller Habgier. Denn wenn auch jemand Überfluss hat, so hängt doch sein Leben nicht von seinem Besitztum ab. (Evangelium nach Lukas 12,15)

ZUERST DAS GUTE!

Vollbringen Sie lustvoll das Gute, das Ihnen leicht von der Hand geht – helfen Sie, wenn Sie ein »Helfer« sind, kämpfen Sie, wenn Sie ein »Kämpfer« sind, sorgen Sie, wenn Sie ein »Sorger« sind, hören Sie zu, wenn Sie ein »Zuhörer« sind – und Sie werden entdecken, dass Sie keine Zeit mehr haben, um über Ihre Fehlleistungen zu grübeln. Reiten Sie also nicht dauernd auf Ihren Schwächen und Fehlleistungen herum. Durch Nein sagen ist noch niemand ein Heiliger, geschweige denn ein genießbarer Mensch geworden.

Lass dich nicht überwinden vom Bösen, sondern überwinde mit dem Guten das Böse. (Brief an die Römer 12,21)

OHNE ANSEHEN DER PERSON

Bestehen Sie in der Kirche darauf, dass Rangunterschiede keine Rolle spielen – keine zwischen Klerikern und Laien, keine zwischen Aktiven und weniger Aktiven, keine zwischen Honoratioren und Fußvolk. Sie sind getauft und gefirmt/konfirmiert. Mehr kann selbst der Papst in der Kirche nicht werden. Übrigens ist das Papsttum (wie auch das Amt des Diakons, Priesters und Bischofs) ein Dienst- und kein Herrsch-Amt.

Macht bei eurem Glauben an unseren glorreichen Herrn Jesus Christus nicht Unterschiede nach Ansehen der Person. (Brief des Jakobus 2,1)

WORAN ERKENNT MAN CHRISTEN?

Schauen Sie, dass man bei Ihnen die Probe aufs Exempel machen kann. Was tun Sie als Christ? Besuchen Sie Kranke? Leiten Sie eine Kinder- oder Jugendgruppe? Singen Sie im Kirchenchor? Gestalten Sie den Internet-Auftritt Ihrer Gemeinde? Verkaufen Sie im Eine-Welt-Laden? Engagieren Sie sich, aber engagieren Sie sich nicht auf Kosten Ihrer Familie. Ein beruflich strapazierter Vater, der seine Kinder kaum sieht, muss sich als Christ nicht auch noch in sieben Gremien beweisen.

Lasst uns nicht mit Worten und mit der Zunge lieben, sondern in Tat und Wahrheit. (Erster Brief des Johannes 3,18). Seid Vollbringer des Wortes und nicht nur Hörer, damit ihr euch nicht selbst betrügt. (Brief des Jakobus 1,22)

WO DIE LIEBE IST, DA IST GOTT

Denken Sie immer daran, dass Menschen nur durch angeschaute und erfahrene Liebe eine Ahnung von Gott bekommen können. Wenn ich mich daran erinnere, wie die Mutter zu mir, dem Kind, war – dann ist Gott nahe. Auch wenn ich an die erste, große Liebe zurückdenke. Auch wenn ich an den Lehrer denke, der mich so mochte und mich begeisterte. Auch wenn ich an Mutter Teresa denke oder Edith Stein oder Alfred Delp oder Dietrich Bonhoeffer.

Lasst uns einander lieben. Denn die Liebe ist aus Gott, und jeder, der liebt, ist aus Gott geboren und kennt Gott. (Erster Brief des Johannes 4,7)

SPENDEN SIE!

Spenden Sie per Dauerauftrag, aber spenden Sie immer wieder einmal auch spontan, dann wenn es Ihrem Herzen danach ist, wenn Sie berührt werden. Dafür sollten Sie immer ein paar Euro in Reserve haben. Manchmal gibt es echte Not in unmittelbarer Nachbarschaft – vielleicht durch lange sich hinziehende Arbeitslosigkeit. Was glauben Sie, was diese Leute sagen, wenn sie eines Morgens einen anonymen Briefumschlag mit 200,– Euro im Briefkasten finden?

Verkauft, was ihr habt, und gebt Almosen. Macht euch Beutel, die nicht veralten, einen Schatz im Himmel, der nicht abnimmt, wo kein Dieb herankommt und den keine Motte zerstört. (Evangelium nach Lukas 12,33)

BETRIEBSTEMPERATUR

Beurteilen Sie Ihre Temperatur als Christ! Brennen Sie (a), sind Sie begeistert und möchten begeistern (b), flackert Ihr Licht im Wind (c) oder ist Ihr Glaube gar schon ausgelöscht (d)? Sie müssen unbedingt wieder zur Kraft und zum Feuer Ihrer ersten Liebe zu Gott zurückfinden. Fahren Sie nach Taizé oder nach Lourdes – wo immer Sie Nahrung für Ihre Seele finden. Scheuen Sie keine Kosten und keine Mühe. Lassen Sie das Licht nicht ausgehen.

Löscht den Geist nicht aus. (Erster Brief an die Thessalonicher 5,19)

BETRIEBSKLIMA

Schaffen Sie für die Menschen, die Ihnen anvertraut sind, ein Klima des Wohlwollens, eine warme Atmosphäre der Sicherheit, in der man sich angstfrei entfalten kann. Geben Sie einem anderen Geist Raum. Schaffen Sie ein Netz verbindlicher Beziehung. Das ist neu und fällt auf in einer Welt, in der man nicht nur beim Abbau von Arbeitsplätzen über Leichen geht.

Die Liebe tut dem Nächsten nichts Böses. (Brief an die Römer 13,10)

STAFFELLAUF

Denken Sie immer daran, dass Sie Ihren Glauben von glaubhaften Menschen empfangen haben – von Eltern, Freunden, Vorbildern! Die nächste Generation wird auf Sie schauen! Sie haben darum eine große Verantwortung. Sie können den Glauben nicht weitergeben wie ein sorgfältig verschnürtes Paket. Der Glaube ist eine zarte, kleine Flamme; Sie dürfen ihn nicht verfinstern, müssen ihn im Schutz Ihrer Hände neu zum Leuchten bringen! Darum: Kämpfen Sie darum, dass nicht Sie es sind in der Abfolge der Generationen, bei dem die Flamme kläglich erstickt.

Kämpft für den Glauben, der den Heiligen ein für alle Mal übergeben wurde. (Brief des Judas 3)

LICHT SEIN

Geben Sie einer Kerze einen schönen Platz in Ihrer Wohnung. Zünden Sie sie bewusst an. Sprechen Sie dabei ein Dankgebet: »Mein Herr und mein Gott, in mir war Finsternis, doch du hast mir das Licht gebracht. Hilf mir, dass ich nicht zurückfalle in Dunkelheit, Bosheit und Verwirrung. Sei bei mir mit deinem Heiligen Geist!«

Ihr wart zuvor Finsternis, nun aber seid ihr Licht im Herrn. Wandelt als Kinder des Lichtes. Das Frucht des Lichtes aber zeigt sich in lauter Güte und Gerechtigkeit und Wahrheit. (Brief an die Epheser 5,8–9)

WAFFEN DES LICHTS

Nehmen Sie ein Stück Papier und machen Sie sich einmal eine Gegenüberstellung: Wie erreicht man normalerweise seine Ziele, welche Mittel benutzt man (»Werke der Finsternis«)? Wie erreicht ein Christ seine Ziele, welche Mittel stehen ihm zur Verfügung (»Waffen des Lichts«)?

Lasst uns also ablegen die Werke der Finsternis und anlegen die Waffen des Lichtes. (Brief an die Römer 13,12)

WOFÜR MAN LEBT

Jagen Sie keinen Idealen nach, die keine Ideale sind! Hobbys in Ehren – und ebenfalls eine leidenschaftliche Hingabe an den Beruf oder die Politik! Aber ein Christ zeichnet sich dadurch aus, dass er nichts höher schätzt als Gott und seine Sache. In Ihrem Nachruf sollte nicht stehen: »Er lebte und starb für den Kaninchenzuchtverein!«

Werdet nicht Götzendiener. (Erster Brief an die Korinther 10,7)

NICHT AUFGEBEN!

Lassen Sie sich Ihre gläubige Hoffnung nicht nehmen, auch wenn Sie herbe Rückschläge einstecken müssen! Wenn Sie in Leiden, Schmerzen, Niederlagen und Zurücksetzungen positiv bleiben, demonstrieren Sie anderen, dass Sie daran glauben, dass einmal eine andere, gerechtere Rechnung aufgemacht wird, als die Welt es sich zurechtlegt.

Verliert eure Zuversicht nicht, sie bringt einen reichen Lohn. (Brief an die Hebräer 10,35)

MEHR LICHT!

Legen Sie Ihren Kinderglauben zu den Akten! Bilden Sie sich im Glauben fort! Besuchen Sie Kurse; sprechen Sie mit einem Priester; lesen Sie Zeitschriftenartikel und Bücher; suchen Sie im Internet nach christlichen Inhalten! Im Glauben kann man nur wachsen, wenn man immer tiefer in seine Geheimnisse eindringt!

Seid nicht Kinder im Verstehen, wohl aber Kinder, soweit es die Bosheit betrifft. Im Verstehen aber sollt ihr ausgereift sein. (Erster Brief an die Korinther 14,20)

RESSOURCEN

Lernen Sie Ihre innere Batterie kennen und nutzen! Laden Sie sie jeden neuen Tag im Gebet auf! Meiden Sie die Gefahr, sich Ihr Christsein durch Aktionismus zu beweisen!

Seid im Eifer nicht lässig, im Geist glühend, dem Herrn dienend. (Brief an die Römer 12,11)

NIMM UND LIES!

Lesen Sie in der Bibel! Aber besorgen Sie sich auch Biografien von Heiligen und großen Christen – lesen Sie ihre Erfahrungen und Aussprüche. Ihnen wird bewusst, dass Sie nicht allein glauben und nicht der Erste sind, der unbekanntes Land betritt. Lassen Sie sich berühren von dem hohen Maß an Übereinstimmung in den Erfahrungen von glaubenden Menschen aller Zeitalter.

Seid der Worte eingedenk, die von heiligen Propheten vorherverkündet sind, sowie der von euren Aposteln übergebenen Gebote des Herrn und Heilandes. (Zweiter Brief des Petrus 3,2)

GANZHEITLICH DENKEN!

Machen Sie bitte eine kleine Traumreise: Träumen Sie einmal den reinen Traum, den Gott von Ihnen hatte und noch immer hat. Wer könnten Sie dann sein? Wie würden Sie dann sein? Nobody is perfect (werden Sie vielleicht einwenden) – but God, müsste man hinzufügen. Gott will Sie eines Tages vollenden, Ihre fragmentarischen Lebensversuche entgegennehmen und etwas Rundes und Ganzes daraus machen. Wir dürfen nur nicht kleinmütig werden und so tun, als könnte aus uns nichts mehr werden.

Seid vollkommen, wie euer Vater im Himmel vollkommen ist. (Evangelium nach Matthäus 5,48)

MEHR LEBEN!

Nehmen Sie »lebendig sein« als wichtigen Parameter Ihrer Gläubigkeit! Fragen Sie sich: Hat mich mein Glaube froher, mitfühlender, begeisterter, offener, herzlicher, spontaner, hoffender, kraftvoller gemacht? Ist dadurch mehr Leben in Ihr Leben gekommen? Müssen Sie alle diese Fragen mit Nein beantworten, stimmt etwas Entscheidendes nicht mit Ihrem Glauben.

Gebt euch Gott hin als solche, die Lebende wurden aus Toten. (Brief an die Römer 6,13)

VON GOTT BERÜHRT

Schaffen Sie sich einen Schatz religiöser Erinnerungen! Wo haben Sie bestimmte religiöse Erfahrungen gemacht? Wo hat Gott Sie einmal berührt? Wo haben Sie gespürt, dass er Sie beschützte, leitete, trug? Tauchen Sie in diese Erlebnisse neu ein! Sie werden verändert, erfrischt und ermutigt in Ihren Alltag zurückkehren.

Bedenke also, was du empfangen und gehört hast, und bewahre es und kehre um. (Offenbarung 3,3)

NEUES DENKEN

Schmuggeln Sie einen Zettel unter Ihre persönlichen Papiere in der Brieftasche, auf dem Sie sich einige persönliche Imperative notieren (Freude! Frieden! Versöhnung! Lauterkeit! Zuvorkommenheit! Echt sein!). Sie sind Christ und sollten sich durch ein neues Denken unterscheiden. Werfen Sie immer wieder einen kurzen Blick in die »Brieftasche«: vor der Ampel, im Wartezimmer, auf dem Bahnhof, während einer langweiligen Mitarbeiterbesprechung. Überprüfen Sie, ob Sie noch auf Flughöhe sind oder bereits absinken!

Legt also alle Bosheit ab, alle Falschheit und Heuchelei, allen Neid und alle Verleumdung. Verlangt wie neugeborene Kinder nach der geistigen, lauteren Milch, damit ihr durch sie heranwachst zum Heil. (Erster Brief des Petrus 2,1–2)

GEGEN DEN MAINSTREAM!

Schwimmen Sie mal bewusst gegen den Strom des Zeitgeistes; provozieren Sie den Mainstream, wenn es um Geld, Sex, Wahrheit, Karriere geht! Erlauben Sie sich unzeitgemäße Ansichten! Stellen Sie diese Ansichten zusammen, dann sind Sie darauf vorbereitet, wenn es in der Diskussion darauf ankommt!

Macht euch nicht die Art dieser Welt zu Eigen, sondern wandelt euch um durch Erneuerung eures Denkens, um zu erforschen, was der Wille Gottes ist, was gut, wohlgefällig und vollkommen. (Brief an die Römer 12,2)

SPIEL MIT OFFENEN KARTEN

Seien Sie ehrlich mit sich und anderen! Heucheln Sie nicht Sympathie, wo keine Sympathie ist! Setzen Sie kein frohes Gesicht auf, wo Ihnen nach Heulen zu Mute ist! Markieren Sie nicht den Mustergläubigen, wo Sie von Fragen und Zweifeln bestürmt werden. Halten Sie Gott keine falschen Ergebenheitsadressen hin! Im Glauben sind wir zur Wahrheit befreit – und die Wahrheit können wir uns (und Gott) immer zumuten. Vor Gott fallen ohnehin alle Masken. Nur das Authentische hat Bestand. Warum sollten wir nicht hier auf der Erde schon in dieser neuen, unverdeckten Art miteinander umgehen?

Belügt einander nicht. Ihr habt ja den alten Menschen mit seinen Werken ausgezogen und den neuen Menschen an-

gezogen, der sich erneuert zur Erkenntnis hin nach dem Ebenbild dessen, der ihn schuf. (Brief an die Kolosser 3,9–10)

WURZELN & FLÜGEL

Lassen Sie sich nicht von den Deformationen irritieren, die das Christentum im Lauf der Kirchengeschichte erlebt hat (Kreuzzüge, unwürdige Päpste, Inquisition), sondern achten Sie auf Ihre eigenen Wurzeln des Glaubens. Dies ist Ihr Leben. Andere Lebensgeschichten sollen Sie nicht irritieren. Niemand lebt für Sie. Sie stehen in unmittelbarer Verbindung mit Jesus, sind tief in sein Geheimnis eingelassen. Sie können ihn verraten – oder aus ihm Ihre ganze positive Kraft beziehen. In ihm können Sie wurzeln, durch ihn lernen Sie fliegen.

Ihr sollt in Christus Jesus verwurzelt sein und aufgebaut in ihm, ihr sollt stark werden im Glauben, wie er euch gelehrt wurde. (Brief an die Kolosser 2,7)

DIE FRUCHT DES GEISTES

Lassen Sie sich an den Früchten erkennen. Wo sieht man etwas von Ihrer Liebe? Wem fallen Sie als freudiger Mensch auf? Wann verbreiten Sie eine Atmosphäre des Friedens? Wo zeigen Sie Geduld? Wer bekommt Ihre Freundlichkeit zu spüren? Wem zeigen Sie sich gütig? Wem sind Sie treu? Wer profitiert von Ihrer Milde? Was machen Sie nicht mit –

welcher Dinge enthalten Sie sich? Zeigen Sie sich von der positiven Seite, dann sieht man, dass Sie ein spiritueller Mensch sind.

Die Frucht des Geistes aber ist Liebe, Freude, Friede, Geduld, Freundlichkeit, Güte, Treue, Milde und Enthaltsamkeit. (Brief an die Galater 5,22–23)

MEDITIEREN!

Beginnen Sie mit Meditation, am besten auf einer kleinen Holzbank, in einem stillen, abgeschiedenen Raum. Setzen Sie sich aufrecht hin und setzen Sie sich der liebenden Gegenwart Gottes aus. Atmen Sie ruhig; überlassen Sie sich dem Atem. Warten Sie auf das Geschenk der Stille. Warten Sie darauf, dass sich der Friede Christi in Ihrem Herzen ausbreitet – und nehmen Sie diesen Frieden mit, wohin Sie auch gehen. Lassen Sie sich daraus nicht mehr vertreiben.

Der Friede Christi herrsche in euren Herzen; für ihn seid ihr ja berufen in dem einen Leib. (Brief an die Kolosser 3,15)

ZU SCHWACH?

Lassen Sie sich im Gebet bestärken! Sie haben Angst, fühlen sich unterlegen, haben wenig entgegenzusetzen? Sie dürfen schwach sein, aber Sie müssen sich zu helfen wissen. Schon im Evangelium heißt es, dass Gott das Schwache (die Schwachen?) auswählt, um das Starke (die Starken?) zu beschämen. Beten Sie: »Mein Herr und mein Gott, wenn du mich vor diese Aufgabe gestellt hast, musst du mir auch die Kraft verleihen, dass ich sie bewältigen kann!« Teresa von Avila meinte einmal, wir sollten den lieben Gott weniger darum bitten, dass er die Last von unseren Schultern nimmt, als darum, dass wir einen stärkeren Rücken bekommen.

Erstarkt im Herrn und in der Kraft seiner Stärke. (Brief an die Epheser 6,10)

DIFFERENZIEREN!

Üben Sie sich in der Unterscheidung der Geister! Beurteilen Sie einen Menschen nicht nach seinem outfit, seinem Status, seinem Ansehen, seinem Einkommen. Schauen Sie lieber, ob er in kleinen Dingen zuverlässig, in seinem Handeln zuvorkommend, in seinen Worten wahrhaftig, in seiner Art liebevoll, in seinen Absichten aufbauend und in seiner Kritik konstruktiv ist.

Traut nicht jedem Geiste, sondern prüft die Geister, ob sie aus Gott sind. (Erster Brief des Johannes 4,1) ... Prüft, was wohlgefällig ist dem Herrn. (Brief an die Epheser 5,10)

VERTRAUENSSACHE

Überwinden Sie Ihre Skepsis! Der Glaube ist kein geistiger Notbehelf, weil Ihr Erkenntnisvermögen nicht ausreicht. So wie Sie Ihrem Partner Ihre Liebe glauben sollen, sollen Sie Jesus seinen Gott glauben.

Sei nicht ungläubig, sondern gläubig. (Evangelium nach Johannes 20,27)

FREUDE OHNE ENDE

Versuchen Sie einmal, diesen Tag im Geist der Freude zu leben! Am Morgen, wenn Sie das Haus verlassen, in der U-Bahn, beim Einkaufen, unter Menschen, wenn Sie allein sind, in der Hitze der Auseinandersetzung! Versuchen Sie, keine Unterbrechung durch Traurigkeit zuzulassen. Stecken Sie sich einen Zettel in die Tasche oder in die Geldbörse, auf dem ein einziges Wort steht: FREUDE!

Freuet euch allezeit im Herrn. Noch einmal sage ich, freuet euch. (Brief an die Philipper 4,4)

SO LEBEN, WIE SIE BETEN

Versuchen Sie, heute so zu leben, wie Sie beten! Die Alte Kirche kannte den Leitsatz »lex orandi – lex credendi« (das Gesetz des Betens ist das Gesetz des Glaubens). Im Leben kann man einholen, wo man im Gebet schon ist.

Wenn wir aus dem Geist leben, lasst uns auch im Geiste wandeln. (Brief an die Galater 5,25)

ALTERNATIVPROGRAMM

Versuchen Sie, Ihrem Leben ein unverwechselbares Profil zu verleihen! Machen Sie es konkret und stellen Sie eine Liste auf, worin Sie sich als Christ von dem Cosi-fan-tutte-Stil (Alle-machen-es-schließlich-so-Stil) unserer mitteleuropäischen Gesellschaft unterscheiden können. Nehmen Sie sich Ihre Aufzeichnungen regelmäßig vor und nutzen Sie diese Liste als Memo für Ihre Gewissenserforschung!

Wer sagt, dass er in ihm bleibe, der muss auch wandeln, wie er gewandelt ist. (Erster Brief des Johannes 2,6)

LASSEN SIE SICH PROVOZIEREN!

Vertrauen Sie keinen Sprüchen wie »Das haben wir immer schon so gemacht!« oder »Das habe ich noch nie gehört, das kann nichts taugen!« Seien Sie neugierig auf die Lebensrezepte anderer, auch und gerade wenn sie keine Christen sind. Oft ist darin mehr als nur ein Körnchen Wahrheit enthalten. Das Christentum ist immer dann gewachsen, wenn es sich dem Fremden stellte. Thomas von Aquin rettete das christliche Denken vor der Bedeutungslosigkeit, weil er keine Angst vor der griechischen Philosophie hatte.

Prüft alles, das Gute behaltet. (Erster Brief an die Thessalonicher 5,21)

JEDEN TAG WACHSEN!

Werden Sie von Tag zu Tag eindeutiger! Lesen Sie jeden Tag in der Heiligen Schrift, bewegen Sie ein Wort in Ihrem Herzen und lassen Sie sich bis in Ihre Träume hinein von diesem Wort inspirieren!

Macht euch frei von aller Unlauterkeit und allem Auswuchs des Bösen und nehmt euch das Wort zu Herzen, das in euch eingepflanzt worden ist und das die Macht hat, euch zu retten. (Brief des Jakobus 1,21)

Entwickeln Sie eine Idee. Sagen Sie nicht: »Kreativität ist nichts für mich, kreativ sind nur die anderen. Mir mangelt es an Fantasie, am Know-how und an der erforderlichen Geschicklichkeit.« Vergegenwärtigen Sie sich, dass Sie das Kind des himmlischen Vaters sind und als Ebenbild des Schöpfers des Himmels und der Erde in die Welt gesetzt wurden. Schöpferisch sein gehört zum Menschsein dazu. Verwirklichen Sie gleich einmal Ihre Kreativität, indem Sie eine Idee entwickeln und mutig in die Diskussion werfen. Selbst wenn von Ihrer Idee in der Beratung kein Stein mehr auf dem anderen bleibt, haben Sie vielleicht den entscheidenden Anstoß gegeben.

*

Feiern Sie die Feste nicht, wie sie fallen. Suchen Sie sich jedes Jahr ein anderes Fest aus, das Sie zu einem Fest für sich persönlich machen, zu Ihrem »Fest des Jahres«. Bereiten Sie sich auf dieses Fest besonders vor und feiern Sie dann »Ihr« Pfingsten, »Ihren« Palmsonntag oder »Ihren« Buß- und Bettag, wie dies sonst niemand so feiern kann wie Sie.

✶

Hoffen Sie an der richtigen Stelle. Verschwenden Sie Ihre Hoffenskraft nicht an Nichtigkeiten. Hoffen Sie nicht auf schönes Wetter oder darauf, dass das verstopfte Abflussrohr ganz von selbst wieder aufhört, verstopft zu sein. Aber dort, wo es gilt, sich für eine gute Sache einzusetzen, und Sie einen Rückschlag nach dem anderen erleben, dort hoffen Sie bitte mit ganzer Kraft. Geben Sie nicht auf, sondern machen Sie weiter.

✶

Betreiben Sie keine Ankündigungspolitik. Lernen Sie von den Politikern, und zwar durchaus einmal im positiven Sinn. Nehmen Sie sich vor, dass Sie kein »Sonntagsredner« sind, der bloß schöne Worte macht, aber nichts bewegt. Seien Sie ein »Macher«, der die Probleme anpackt und löst. Gutes tun ist nämlich genauso die Kunst des Möglichen, wie es die Politik ist. Machen Sie sich klar, dass es nicht damit getan ist, das Gute bloß anzustreben. Sie müssen das, was Sie anstreben, auch tun. Fragen Sie sich zum Beispiel, ob Sie nicht lediglich eine »Ankündigungspolitik« betreiben, wenn Sie das Vaterunser beten. Behaupten Sie jedenfalls nicht wahrheitswidrig, Sie würden Ihren Schuldigern vergeben, wenn Sie nicht einmal im Traum daran denken, dies tatsächlich zu tun.

✶

Seien Sie innovativ. Machen Sie heute lauter Dinge, die Sie sonst nicht machen. Keine Angst, Sie sollen keinen Schabernack treiben, sondern es sollen lauter positive Dinge sein. Beweisen Sie Ihrer Umwelt oder zumindest sich selber, dass es auch anders geht als immer im selben Schlendrian. Freuen Sie sich darauf, dass Ihnen dieser veränderte Blickwinkel erlaubt, heute sogar Dinge tun zu dürfen, die Ihnen sonst höchst zuwider sind. Zum Beispiel den Müll hinunterzutragen und die leeren Glasflaschen zum Altglas-Container zu bringen und im Keller die kaputte Glühbirne auszuwechseln.

✶

Seien Sie nicht ganz dicht. »Wer für alles offen ist, kann nicht ganz dicht sein«, lautet der Spruch, der Sie zum Sinnieren bringen sollte. Nicht ganz dicht, das ist die milde Umschreibung für geistesgestört. Nicht nur die Narren, auch die Kinder sind in einer bestimmten Lebensphase »nicht ganz dicht«. Deshalb werden sie auch in Windeln gewickelt, ehe sie sich zu erwachsenen Menschen entwickeln. Aber genau diesen närrischen Zustand hat Jesus als vorbildlich hingestellt: Nur wer nicht ganz dicht, sondern arglos und offen für alles ist, taugt für das Reich Gottes. Formulieren Sie ein kleines Stoßgebet: »Herr, lass mich nicht zu den Klugen und Gewitzten, sondern zu den ›nicht ganz Dichten‹ gehören!« Seien Sie hin und wieder für alles offen!

✶

Lassen Sie frische Luft herein. Machen Sie Fenster und Türen auf. Lassen Sie Luft in Ihre Wohnung. Es ist nicht egal, welche Luft Sie atmen. Geben Sie der verbrauchten Luft die Möglichkeit, sich in der Natur zu erneuern, und atmen Sie frische Luft ein. Nicht nur Ihr Körper, auch Ihr Geist braucht Frischluft. Die frische Luft in Ihren Lungen wird Sie auch innerlich frisch machen.

✶

Lassen Sie einen anderen Wind wehen. Geben Sie dem Ungeist keine Chance. Lassen Sie sich nicht vom Geist des Hasses anstecken, der Sie zwingen möchte, andere Menschen und Völker nur in der Fratze von Feindbildern zu erblicken. Verbünden Sie sich mit dem Heiligen Geist. Sie haben ihn bereits in Ihrer Taufe empfangen. Leben Sie aus diesem Geist heraus. Lassen Sie sich vom Geist Gottes mitreißen. Trachten Sie danach, dass wenigstens in Ihrer Umgebung ein anderer Wind zu wehen beginnt.

*

Machen Sie einen Verwandtenbesuch. Betrachten Sie es nicht als lästige Pflichtübung, die Sie möglichst rasch und möglichst schmerzlos hinter sich bringen möchten. Bedenken Sie, dass der Herr am Ende der Zeiten nicht nur das, was Sie dem Fernsten und Geringsten seiner Brüder und Schwestern tun, so bewertet, als hätten Sie es ihm getan, sondern auch das, was Sie Ihren nächsten Anverwandten tun.

*

Gehen Sie ins Kino. Das macht Sie lebendig, bringt Sie dazu, dass Fragen in Ihnen aufgehen. Wählen Sie gut aus; sehen Sie sich einen künstlerisch wertvollen Film an, einen Film, der Sie provoziert. Unterhalten Sie sich. Genießen Sie Spannung und Abenteuer. Lassen Sie sich vom Film aber auch dazu anregen, in vertiefter Weise über zwischenmenschliche Erfahrungen und den Sinn des Lebens nachzudenken.

*

Besuchen Sie ein Kloster. Lassen Sie sich nicht nur vom landschaftlichen Reiz und den kunsthistorisch bedeutsamen Schätzen des Klosters beeindrucken, sondern tanken

Sie neue Kraft aus tieferen Quellen. Sprechen Sie Schwestern und Mönche an und fragen Sie, ob sie Zeit für ein geistliches Gespräch oder ein Gespräch über Ihr Leben haben (das kann, muss aber keine Beichte sein). Machen Sie Ihre Erfahrungen – und geben Sie bei der ersten schlechten Erfahrung nicht auf.

✶

Vertiefen Sie Ihre Kenntnisse über den Glauben. Seien Sie froh, wenn Ihre Eltern Ihnen eine Ahnung vom christlichen Glauben mit auf den Weg geben konnten oder Sie gute Religionslehrerinnen und Religionslehrer hatten, denen Sie eine solide Basis an Glaubenswissen verdanken. Aber lassen Sie es nicht dabei bewenden. Nicht nur die Software Ihres Computers braucht hin und wieder ein Update. Studieren Sie das Angebot in den Bildungshäusern, Klöstern, Pfarrgemeinden Ihrer Umgebung und merken Sie sich einen interessanten Abend vor. Oder gehen Sie einfach in die nächste christliche Buchhandlung zum Stöbern. Bringen Sie aber zwei Stunden Zeit mit.

✶

Stehen Sie einem Menschen bei. Werden Sie sein »Beistand«. Begrenzen Sie Ihren Job: In dieser Sache, für diesen Zeitraum bin ich an der Seite dieses Menschen. Denken Sie an die Bibelstelle, wo es heißt, Gott werde den Heiligen Geist als »Beistand« senden. Betrachten Sie sich in diesem Fall ruhig als ein von Gott Gesandter. Sie sind es wirklich. Jesus hat versprochen, seinen Geist als Tröster und Beistand zu schicken. Diesmal soll es durch Sie geschehen. Sperren Sie sich nicht dagegen. Lassen Sie den Geist wehen, wo er will.

✶

Glauben Sie an die Liebe. Gott ist größer als unser Herz, und er ist auch immer größer, als wir ihn uns denken können. Lassen Sie sich Ihren Glauben an Gott durch schlimme Erfahrungen, die Sie gemacht haben, nicht kaputt machen. Halten Sie daran fest, auf Gott zu vertrauen, was auch immer geschehen mag. Hüten Sie sich, in Gott einen finsteren Rachegeist zu sehen, vor dem Sie Angst haben müssten wie ein Kind vor dem schwarzen Mann. Klammern Sie sich nicht an Drohbotschaften. Halten Sie sich an die frohe Botschaft, dass Gott die Liebe ist.

9. Arbeiten Sie an Ihrem Glauben!

ZWISCHENZIELE SETZEN!

Sorgen Sie dafür, dass Sie alles tun, um als Christ durchhalten zu können. Bauen Sie ein Netzwerk von Freunden auf. Setzen Sie sich Etappenziele. Suchen Sie regelmäßig »Tankstellen« auf (am besten sonntags um 10.15 Uhr). Besorgen Sie sich einen Trainer, der Sie anfeuert.

So wollen auch wir mit Ausdauer dem uns auferlegten Kampf uns hingeben. (Brief an die Hebräer 12,1)

PARAT SEIN

Bereiten Sie sich darauf vor, dass man Sie heute nach Ihrem Glauben fragen könnte! Dann müssen Sie wissen, was Sie sagen! Vielleicht versuchen Sie sich zu erinnern, welcher Mensch Sie im Glauben beeindruckt hat, oder welches Erlebnis Sie auf den Pfad brachte? Welche Glaubensüberzeugung steht Ihnen besonders nahe? Dass Sie geführt werden? Dass Sie schon einmal bewahrt wurden? Dass Sie nicht sterben werden?

Seid allezeit bereit zur Verantwortung gegenüber einem jeden, der von euch Rechenschaft über eure Hoffnung fordert. (Erster Brief des Petrus 3,15)

BODENHAFTUNG BEWAHREN!

Arbeiten Sie hart an sich. Versuchen Sie sich nützlich zu machen für die Kirche. Treten Sie bescheiden, aber bestimmt auf. Und bleiben Sie auf dem Teppich! Es gibt eine unangenehme Sorte von Christen, die – ob gelegen oder ungelegen – ihre christliche Leistungsbilanz herunterbeten.

Wenn ihr alles getan habt, was euch befohlen war, sollt ihr sprechen: Unnütze Knechte sind wir; was zu tun unsere Schuldigkeit war, das haben wir getan. (Evangelium nach Lukas 17,10)

FINANZIELLE KONSEQUENZEN

Christsein kann ans Portemonnaie gehen. Wissen Sie schon, dass Sie als Christ mit Ihrem Geld nicht machen können, was Ihnen gerade einfällt? Mit anderen teilen können ist eine der wichtigsten Nagelproben für Ihren Glauben. Es gilt auch dann, wenn Sie kein Krösus sind und es Ihnen leicht fiele, etwas vom Überfluss »abzudrücken«. Rechnen Sie aber ruhig damit, dass Sie auf irgendeine Weise zurückerstattet bekommen, was Sie sich vom Mund abgespart haben.

Überseht nicht, Gutes zu tun und mit anderen zu teilen; denn solche Opfer gefallen Gott. (Brief an die Hebräer 13,16)

ANDEREN DANKE SAGEN!

Danken Sie anderen einmal, dass Sie sich auf ihre Weise einsetzen. Mancher verwendet auf Unscheinbares viel Nachdenken, Anstrengung und Zeit. Nicht die großen Werke sind es, die uns Hochachtung abnötigen, sondern die Liebe, mit der sie vollbracht wurden.

Als Jesus sah, wie eine arme Witwe zwei Heller hinlegte, sprach er: »Wahrlich, ich sage euch: Diese arme Witwe hat mehr hingelegt als alle. Denn sie alle haben von ihrem Überfluss hingelegt zu den Gaben Gottes, sie aber legte von ihrer Armut den ganzen Lebensbedarf hinein, den sie hatte.« (Evangelium nach Lukas 21,2–4)

KEIN TEILZEITJOB!

Denken Sie ganzheitlich: Gestatten Sie sich keine »christlichen Auszeiten«! Seien Sie kein Teilzeit-Christ! Natürlich kann kein Mensch alles perfekt schaffen, was man als Christ so schaffen müsste. Verwerflich ist nicht unser Defizit gegenüber den Geboten (wir sind schließlich alle nur Menschen), verwerflich ist, wenn man sich selbst zum Herrn über die Gebote macht, nach dem Motto: »Ich lüge nie, aber in punkto Treue drücke ich schon einmal ein Auge zu!«

Wer das ganze Gesetz erfüllt, aber in einem Einzigen fehlt, der hat sich am Ganzen schuldig gemacht. (Brief des Jakobus 2,10)

MENSCHLICHER INDIZIENBEWEIS

Der Beweis für die Wahrheit des Christentums steht in keinem Buch, denn Sie selbst sind der lebendige Beweis! Bemühen Sie sich jeden Tag, dass keine Lücke zwischen Ihrem Glauben und Ihren Taten entsteht! Doppelmoral ist der schwerwiegendste Vorwurf gegen die christlichen Kirchen. Der Pfarrer hatte wenigstens Humor, der neulich sagte: »Predigen ist zwecklos, die Gläubigen machen mir doch alles nach!«

Erweise dich selbst als Beispiel rechten Tuns, zuverlässig und würdevoll in der Belehrung. (Brief an Titus 2,7)

ZEUGNIS GEBEN

Deuten Sie heute einmal in einem Gespräch an, dass Ihr Glaube für Sie etwas ganz Wichtiges ist, ohne dass Sie Ihren Gesprächspartner verprellen! Sprechen Sie von sich. Aber machen Sie es mit viel Fingerspitzengefühl!

Einen jeden, der mich bekennt vor den Menschen, will auch ich bekennen vor meinem Vater im Himmel. (Evangelium nach Matthäus 10,32)

BLEIBEN SIE GURU-RESISTENT!

Laufen Sie nicht jedem Guru hinterher, besonders dann nicht, wenn er Ihnen erklärt, dass er »endlich« die authentische Interpretation der Botschaft Jesu gefunden habe. Bereits Vinzenz von Lérins (5. Jh.) empfahl, nur das zu glauben, »was überall, was immer und was von allen geglaubt wurde«. Der Kirche als Ganzer ist zugesagt, dass sie im Heiligen Geist bleiben werde, nicht aber einzelnen Vertretern, die umso fragwürdiger sind, je dogmatischer sie die Wahrheit für sich pachten.

Du aber verkünde, wie es der gesunden Lehre entspricht. (Brief an Titus 2,1)

ABLESBAR ANDERS

Führen Sie ein Leben, das von auffällig anderen Werten inspiriert ist. Reservieren Sie wenig Zeit für das TV, dafür umso mehr für Gastfreundschaft und Gespräch. Setzen Sie andere finanzielle Prioritäten. Definieren Sie sich durch das, was Sie unterstützen. Seien Sie ein exzellenter Nachbar. Fallen Sie auf durch das, was Sie für Ihr Haus, Ihr Dorf, Ihre Stadt machen.

Wandelt würdig des Evangeliums Christi. (Brief an die Philipper 1,27)

LOGISCH

Entdecken Sie die innere Logik eines christlichen Lebens! Eins greift in das andere. Glauben ist kein intellektueller Akt im Ohrensessel. Man kann nicht glauben, ohne eine andere Haltung einzunehmen, ohne persönliche Konsequenzen zu ziehen, ohne andere Prioritäten zu setzen, ohne beherrschter zu werden. Mit jedem Schritt gehen einem neue Lichter auf. Christsein geht nur ganzheitlich.

Darum setzt allen Eifer daran, mit eurem Glauben die Tugend zu verbinden, mit der Tugend die Erkenntnis, mit der Erkenntnis die Selbstbeherrschung, mit der Selbstbeherrschung die Ausdauer, mit der Ausdauer die Frömmigkeit, mit der Frömmigkeit die Brüderlichkeit, mit der Brüderlichkeit die Liebe. (Zweiter Brief des Petrus 1,5–7)

IMITATIONSKUNST

Fallen Sie aus dem Rahmen der Ellenbogen-Gesellschaft! Orientieren Sie sich nicht an den »Durchsetzern« und »Winners«! Ahmen Sie beispielsweise einmal etwas nach vom Geist einer Mutter Teresa, die immer wieder das Verachtete und Verlorene suchte und darin das Gesicht Jesu fand!

Ahme nicht das Böse nach, sondern das Gute. Wer Gutes tut, der ist aus Gott; wer Böses tut, der hat Gott nicht gesehen. (Dritter Brief des Johannes 11)

DIE MÖGLICHKEITEN ABCHECKEN

Gehen Sie Ihr Christsein ebenso clever und planvoll an, wie Sie Ihr Vermögen oder Ihre Freizeit planen. Berechnen Sie, was Sie einzubringen haben: Talente, Zeit, Raum, Beziehungen, Kraft. Spielen Sie damit! Was könnten Sie mit all diesen Elementen erreichen, wenn Sie sie optimal einsetzen?

Seid also mit Sorgfalt bedacht, wie ihr wandelt; nicht wie Unweise, sondern wie Weise. (Brief an die Epheser 5,15)

PERSÖNLICH ANSPRUCHSVOLL

Gehen Sie nicht zu weich mit sich um! Glaube packt Sie nicht in Watte. Und Sie müssen auch nicht ständig schnuppern, wo da gerade der Heilige Geist ist. Glauben hat mit Entscheidung zu tun, mit langmütig durchgetragenen Optionen, mit Kraft und Nüchternheit, mit Eigenschaften, die als typisch männlich gelten. Das ist wichtig, verbindet man Glauben doch häufig mit den eher femininen Anteilen im Menschen.

Seid wachsam, steht fest im Glauben; handelt mannhaft und seid stark. (Erster Brief an die Korinther 16,13)

WOFÜR?

Lesen Sie Ihr Leben unter der Leitfrage: Was war es bisher für andere wert? Und bauen Sie weiter an einer Biografie der Beteiligungen. Wofür möchten Sie kämpfen, sich einsetzen? Wohinter möchten Sie sich stellen? Was werden Sie anschieben? Mit wem werden Sie das bewirken? Für was setzen Sie Lebenszeit ein?

Seid daher umso mehr bestrebt, eure Berufung und Auserwählung durch gute Werke auf festen Grund zu stellen. Denn wenn ihr dies tut, werdet ihr nie zu Fall kommen. (Zweiter Brief des Petrus 1,10)

WAS WÜRDE JESUS TUN?

Gott will Sie als sein Werkzeug, will Ihre völlige Bereitschaft, will, dass Sie alle Ihre Gaben und Fähigkeiten konstruktiv einsetzen für die verheißene neue Erde. Dazu hat er Sie erschaffen. Bleiben Sie ruhig, aber beständig dran! Fragen Sie sich immer wieder, gerade wenn es verworren oder schwer wird: Was würde Jesus jetzt an meiner Stelle machen?

Du aber sei besonnen in allem, nimm das Schwere auf dich, versieh das Werk eines Evangelisten, erfülle deinen Dienst. (Zweiter Brief an Timotheus 4,5)

NICHT NACHLASSEN!

Geben Sie nicht auf. Lassen Sie den Mut nicht sinken. Arbeiten Sie ruhig und gelassen und mit großem Gottvertrauen an Ihrem Lebensprojekt. Schauen Sie auf ältere Menschen, die Ihnen ein Vorbild sind. Schneiden Sie sich von ihnen eine Scheibe ab! Und dann sollten Sie sich sagen können: »Ich habe mein Bestes gegeben; den Rest muss der liebe Gott machen.«

Werdet nicht lahm, sondern seid Nachahmer derer, die durch Glauben und Geduld Erben der Verheißungen sind. (Brief an die Hebräer 6,12)

EINFACH WEITERBAUEN!

Lassen Sie sich ein in den Strom der Erfahrung anderer Christen! Gesellen Sie sich zu all den Menschen, die quer durch die Kulturen und durch die Geschichte versucht haben, im Geist Jesu zu leben. Hören Sie ihnen zu, fragen Sie, lernen Sie von ihnen! Sie müssen das Christentum nicht jeden Tag neu erfinden. Sie können weiterbauen auf der Grundlage, die von anderen gelegt worden ist.

Du aber halte fest an dem, was du gelernt und als zuverlässig erkannt hast. Du weißt ja, von wem du es gelernt hast. Du kennst von Kindheit an die heiligen Schriften, die dir Aufschluss zu geben vermögen für das Heil auf Grund des Glaubens in Christus Jesus. (Zweiter Brief an Timotheus 3,14–15)

WARUM SIND SIE, WIE SIE SIND?

Machen Sie es wie Mutter Teresa: Wo man über seinen Glauben nicht reden kann, muss man alternativ leben. Nur so können Sie Andersdenkende wirklich beeindrucken. Das kann ein Langzeitprogramm sein, denn auf den ersten Blick ist es nichts Spektakuläres, wenn jemand ruhig und zuverlässig seiner Arbeit nachgeht, die Steuern zahlt und nicht nach dem Auge-um-Auge-Prinzip handelt. Aber eines Tages wird die Frage kommen: Warum sind Sie, wie Sie sind?

Führt einen guten Wandel unter den Heiden, damit sie, die euch als Übeltäter verleumden, an euren guten Werken eines Besseren belehrt werden und Gott die Ehre geben am Tag der Heimsuchung. (Erster Brief des Petrus 2,12)

WAS GEHÖRT DAZU?

Machen Sie mit Freunden einmal ein Brainstorming in Sachen Christsein. Was gehört heute dazu? Wie könnten Sie sich als Pluszeichen in dieser Welt »positionieren«? Welche Verhaltensweisen sollten Sie in Ihr Repertoire aufnehmen? Und wie könnten Sie dafür sorgen, dass Ihre Veränderungen dauerhaft eine neue Lebensqualität bewirken?

Was wahr ist, was ehrbar, was gerecht, was rein, was liebenswert, was ansprechend, was es an Tugend und löblichen Dingen gibt, drauf richtet eure Gedanken. (Brief an die Philipper 4,8)

NORMAL, VIELLEICHT EIN BISSCHEN BESSER

Machen Sie nicht viel Aufhebens um Ihren Glauben! Tun Sie schlicht und einfach das, was man als normaler, anständiger Zeitgenosse tut – aber geben Sie Ihrem Tun eine bestimmte Farbe. Seien Sie eine bessere Familienmutter, ein besserer Familienvater, ein zuverlässiger Arbeiter, ein fairer

Chef. Und erwarten Sie nicht, dass man Sie deshalb gleich für einen Heiligen hält.

Setzt eure Ehre darein, in Ruhe zu leben, eure eigenen Aufgaben zu erfüllen, mit euren eigenen Händen zu arbeiten, wie wir euch anempfohlen haben. (Erster Brief an die Thessalonicher 4,11)

OUTEN SIE SICH!

Betrachten Sie den Namen »Christ« als eine verpflichtende Auszeichnung! Es kann nicht sein, dass Menschen, die mit Ihnen längere Zeit zusammenarbeiten oder im selben Sportverein sind, nicht wissen, dass Sie Christ sind. Wenn Sie sich aber geoutet haben, sollten Sie darauf achten, dass durch Ihr Verhalten kein Schatten auf den fällt, nach dem Sie Christ heißen. Machen Sie Ihrem Namen Ehre!

Wie ihr also Christus Jesus als den Herrn angenommen habt, sollt ihr in ihm auch wandeln. (Brief an die Kolosser 2,6)

VON VORBILDERN PROFITIEREN

Schreiben Sie einmal auf, von wem Sie sich eine Scheibe abschneiden können! Und so könnte Ihre Liste aussehen: Von Ihrem Vater das Rückgrat – von Ihrer Schwester die Freude trotz großer Belastungen – von Ihrem Kind die Neugier und die Hartnäckigkeit im Fragen – von der einen Kollegin die Fairness und von der anderen die Hilfsbereitschaft. Und vielleicht sollten Sie auch wieder einmal in den Biografien großer Menschen lesen? Oft taucht man erfrischt, orientiert und geläutert daraus auf.

Seid meine Nachahmer, Brüder, und schaut auf jene, die so leben, wie ihr ein Beispiel habt an uns. (Brief an die Philipper 3,17)

FIGHTER-QUALITÄTEN

Stellen Sie sich darauf ein, dass ein christliches Leben kein Zuckerschlecken ist. In vieler Hinsicht werden Sie einen oppositionellen Standpunkt einnehmen müssen. Das Reich Gottes wird Ihnen nicht in den Schoß fallen. Sie werden Barrieren des Unglaubens und Misstrauens überwinden müssen. Vor Ihnen liegt ein Stück harte Arbeit. Gott wird Sie einmal auch daran messen, ob Sie ein Kämpfer waren. Und oft werden Sie selbst Ihr schlimmster Gegner sein.

Kämpfe den guten Kampf des Glaubens, erstreite das ewige Leben, zu dem du berufen worden bist und für das du abgelegt hast das herrliche Bekenntnis vor vielen Zeugen. (Erster Brief an Timotheus 6,12)

ADE SAGEN

Stellen Sie sich folgende Frage: Wenn Sie einen Abschiedsbrief von Ihrem alten Leben (bevor Sie sich entschieden haben, von ganzem Herzen Christ zu sein) schreiben würden, von was würden Sie sich dann verabschieden? Bedenken Sie: Sie können jetzt nicht mehr so leben, als hätte es Jesus nie gegeben!

Erschienen ist ja die Gnade Gottes als Heil für alle Menschen. Sie leitet uns an, dass wir uns lossagen von der Gottlosigkeit und von den weltlichen Lüsten und besonnen, gerecht und fromm in dieser Welt leben. (Brief an Titus 2,11–12)

KEINE GEWALT!

Setzen Sie sich ein für das Gute, aber wählen Sie auch die richtigen Mittel dazu. Es gibt keinen Weg, christliche Ziele mit unchristlichen Mitteln zu erreichen. Die Kirche hat das über die Kreuzzüge und die Inquisition bitter gelernt. Das gilt auch für Sie persönlich: Lassen Sie die Finger von Gewalt!

Ein Knecht des Herrn soll nicht streiten, sondern gütig sein gegen jedermann, fähig zur Unterweisung, verträglich. (Zweiter Brief an Timotheus 2,24)

KETTENREAKTION

Lassen Sie heute Gnade vor Recht ergehen – und denken Sie dabei daran, dass Sie in einer endlosen (weil in Gott mündenden) Kette stehen. Sie sind barmherzig, weil Sie von Ihrer Mutter Barmherzigkeit erfuhren, weil Ihre Mutter die Barmherzigkeit Gottes verstand. Bedenken Sie, wie schön es ist, dass die Kette über Sie weiterläuft in die Zukunft.

Seid barmherzig, wie euer Vater barmherzig ist. (Evangelium nach Lukas 6,36)

Führen Sie ein Glaubensgespräch. Reden Sie mit Ihrer Arbeitskollegin nicht nur über die tolle Boutique, die Sie neulich entdeckt haben, oder über das günstige Angebot des Reisebüros für eine Urlaubswoche in Tunesien, sondern bringen Sie das Gespräch auch einmal auf das Thema Religion. Scheuen Sie sich nicht, dabei auch von Ihren persönlichen Erfahrungen zu reden, und fallen Sie nicht aus allen Wolken, wenn Ihr Gesprächsangebot nicht gleich auf fruchtbaren Boden fällt. Meistens sind andere Menschen dankbar, wenn Sie einmal über Halt und Sinn in ihrem Leben sprechen können. Lassen Sie sich überraschen und bereichern; oft werden Sie gläubige Überzeugungen finden, wo Sie sie gar nicht vermutet haben.

*

Überlassen Sie Aberglaube den Abergläubischen. Seien Sie froh, wenn Ihnen Ihr Glaube und Ihre Weltanschauung so viel innere Sicherheit geben, dass Sie nicht anfällig für Aberglauben sind und es nicht nötig haben, sich von Wahrsage-Techniken wie Tarot, Orakeln und spiritistischen Praktiken wie Gläserrücken usw. das Heil zu erwarten. Machen Sie nicht einmal aus bloßem Spaß bei abergläubischen Praktiken mit, die Sie im Grunde Ihres Herzens ablehnen. Psychologen können Ihnen ein Lied davon singen, wie leicht aus Spiel Ernst wird und die Gefahr der Abhängigkeit droht.

✶

Lesen Sie ein religiöses Buch. Seien Sie nicht bestürzt, weil sich herausgestellt hat, dass manches von dem, was Ihnen im Rahmen Ihrer religiösen Erziehung als ewig gültig eingetrichtert worden ist, überholungsbedürftig ist. Suchen Sie von neuem Orientierung.

✶

Ertragen Sie Spott. Gehen Sie nicht gleich an die Decke, wenn man über Sie spöttelt und abwertend über Sie spricht. Auch dann nicht, wenn Sie ganz grundlos verhöhnt werden und vielleicht gerade wegen Ihrer Anständigkeit und Ihrer klar bekundeten christlichen Überzeugung Ablehnung und Verachtung erfahren. Denken Sie daran, dass Christen den Auftrag haben, nicht Gleiches mit Gleichem zu vergelten. Versuchen Sie zu »segnen«, wenn man Sie »verflucht«.

✶

Basteln Sie »Ihre« Weihnachtskrippe. Sagen Sie nicht: »Das kann ich nicht, ich bin doch kein Herrgottsschnitzer und habe keinerlei handwerkliches Talent.« Es gibt im Fachhandel wunderbare Anleitungen zum Krippenbauen (etwas das Buch von Peter Riolini, »Krippen schauen, Krippen bauen«). Machen Sie die Abende, an denen Sie werkeln – vielleicht sogar mit Ihrem Partner, Ihren Kindern –, zu einer meditativen Übung. Schon der heilige Ignatius hat empfohlen, sich in der Stille bildlich in die konkreten Umstände der biblischen Ereignisse hineinzuversetzen, als wäre man jetzt live dabei und als könnte man mit den handelnden Personen sprechen. Sie werden eine neue Beziehung zum Geheimnis der Menschwerdung Gottes bekommen.

✶

Interessieren Sie sich für den Islam. Lassen Sie Ihre Kenntnisse über die Welt der Muslime nicht auf dem Stand, den Sie durch die Lektüre der Bücher von Karl May gewonnen haben. Besuchen Sie Kurse in der Volkshochschule. Sprechen Sie Ihre muslimische Putzfrau oder den türkischen Obsthändler an der Ecke einmal auf ihren Glauben an und sagen Sie, dass Sie auch ein religiöser Mensch sind. Sorgen Sie für Solidarität und Verständnis unter religiösen Menschen verschiedenen Glaubens. In vielen Bewertungen werden Sie überraschende Übereinstimmungen feststellen.

✶

Zeigen Sie her. Sie müssen damit nicht wie ein Staubsaugervertreter durch die Lande ziehen, aber Sie sollten schon, wenn Sie von dem Produkt »Christlicher Glaube« überzeugt sind, Werbung dafür machen. Wenn Sie das erschreckt, sollten Sie sich ernsthaft fragen, ob Sie die Produktqualitäten wirklich kennen oder ob das Gerät bei Ihnen nur im Schrank steht. Testen Sie sich: Was können Sie von Ihrem Glauben erzählen? Wo hat er Ihnen geholfen? Was hat er mit Ihnen gemacht? Können Sie jetzt etwas sagen? Oder verfallen Sie jetzt sofort in Geschichten aus Ihrer Kindheit oder in Geschichten von anderen Beteiligten (etwa Ihren Eltern)?

✶

Trainieren Sie Nachfolge. Suchen Sie sich eine Heilige oder einen Heiligen aus, dessen Persönlichkeit Ihnen imponiert (Blättern Sie im Standardwerk von Schauber/Schindler, Bildlexikon der Heiligen, oder schauen Sie im Internet unter www.Heiligenlexikon.de). Versuchen Sie, einen Tag lang alles, was Sie tun und was Ihnen an Entscheidungen abverlangt wird, an der Haltung dieses Vorbildes auszurichten. Fragen Sie sich: »Was hätte Mutter Teresa, was hätte Franziskus an meiner Stelle getan?« Und tun Sie es, oder fangen Sie zumindest damit an, es zu tun.

✶

Machen Sie ein Glaubens-»TÜV«. Blicken Sie zurück auf das letzte halbe Jahr. Vergegenwärtigen Sie sich, welche wichtigen Entscheidungen Sie getroffen haben, und überprüfen Sie, wie weit dabei das Evangelium der Motor Ihrer Handlungen war. Bewerten Sie, mit welcher Stärke dieser »Motor« bei Ihnen läuft und wie viel PS Sie im nächsten halben Jahr zulegen könnten.

✶

Drehen Sie den Spieß um. Wenn Sie von »Zeugen Jehovas« oder anderen Sektierern angesprochen werden, weisen Sie sie nicht von vornherein ab. Hören Sie eine Weile zu, was sie Ihnen zu sagen haben. Aber beschränken Sie sich nicht auf das Zuhören. Werden Sie selber aktiv. Erzählen Sie ihnen, warum Ihnen Ihr Glaube wichtig ist und Ihnen Orientierung für Ihr Leben gibt. Machen Sie bei denen, die Sie für ihren Glauben gewinnen möchten, Werbung für Ihren Glauben.

✶

Seien Sie nicht leichtgläubig. Bewahren Sie sich eine gesunde Portion Skepsis. Gehen Sie Scharlatanen nicht auf den Leim. Suchen Sie nicht bei dubiosen Heilslehren Zuflucht. Denken Sie über den Apostel Thomas nach, der erst einmal seine Finger in die Wundmale des Auferstandenen legen möchte, bevor er bereit ist, an das zu glauben, was ihm seine Kollegen erzählen. Lassen Sie sich vom Beispiel des »ungläubigen Thomas« klarmachen, wie gesunder Glaube und gesunde Skepsis zusammengehören. Seien Sie eben nicht leichtgläubig, sondern gläubig.

*

Lesen Sie im Katechismus. Nehmen Sie den Katechismus (den »Evangelischen Erwachsenen Katechismus«, den »Katechismus der Katholischen Kirche«, den es im Benno-Verlag in einer preisgünstigen Taschenbuchausgabe gibt, auch einen der beiden Katechismen von Martin Luther oder Ihren alten Schulkatechismus) zur Hand, schlagen Sie das Inhaltsverzeichnis auf und suchen Sie ein Thema, das im Moment für Sie wichtig ist. Lesen Sie keinesfalls mehr als eine Seite, aber lesen Sie das, was Sie lesen, mit Bedacht. Nach wie vor empfehlenswert ist auch noch der fast 40 Jahre alte Holländische Katechismus; vielleicht haben Sie ihn noch in Ihren Beständen oder Sie finden ihn irgendwo in einem Antiquariat oder einer Bibliothek.

*

Besuchen Sie einen Kirchentag. Treffen Sie sich mit Gleichgesinnten. Suchen Sie das Gemeinschaftserlebnis (Sie finden es auch an einem Wallfohrtsort, während einer großen Pilgerreise oder in Taizé). Genießen Sie es, Ihr Christentum nicht nur im »stillen Kämmerlein« oder im kleinen Kreis zu leben, sondern richtig im großen Stil.

*

Hören Sie mal wieder Radio. Suchen Sie in einer Programmzeitschrift nach geistlichen Beiträgen – es gibt bei vielen Sendern feste Programmplätze und hervorragende Beiträge. Lassen Sie sich durch das Gehörte auf gute Gedanken bringen. Machen Sie sich Notizen über Ihre Gedanken und lesen Sie sie später wieder nach.

*

Finden Sie heraus, ob Sie einen Heiligenschein verdienen. Machen Sie ein Gedankenexperiment. Stellen Sie sich vor, Sie wären der Promotor eines Seligsprechungsverfahrens und hätten zu untersuchen, ob Sie auf Grund Ihres bisherigen Lebens für eine Seligsprechung in Frage kämen. Bleiben Sie nüchtern und sachlich. Übertreiben Sie weder in die eine noch in die andere Richtung. Machen Sie sich nicht besser und nicht schlechter, als Sie sind. Aber geben Sie sich selber ein paar Tipps, in welchen Bereichen Sie an sich arbeiten könnten, um einen besseren Befund zu erzielen.

*

Besuchen Sie ein Passionsspiel. Oder gehen Sie in eine Passion von Johann Sebastian Bach. Organisieren Sie sich vorher ein Textheft (etwa von Reclam) und lesen Sie es am Vorabend. Setzen Sie sich mit dem Sterben Jesu auseinander. Fragen Sie sich, was der Tod Jesu für Ihren eigenen Tod bedeutet und welche Hoffnung Sie mit ihm verbinden.

*

Reden Sie über Ihren Glauben. Drängen Sie sich mit Ihrem christlichen Bekenntnis nicht vor. Träumen Sie nicht davon, in irgendwelche Talkshows zu kommen und geistreich darüber zu quasseln, was für eine tolle Sache das Evangelium ist. Aber kneifen Sie nicht, wenn Ihnen ernsthaft die »Gretchenfrage« gestellt wird. Halten Sie mit Ihrer

Überzeugung nicht hinterm Berg, sondern sagen Sie, was Ihnen Kraft gibt und was Sie im Innersten bewegt.

✶

Machen Sie einen »Emmausweg«. Verabreden Sie sich mit einem guten Freund oder einer guten Freundin zu einem ausgedehnten Spaziergang. Reden Sie einmal nicht über dies und das, sondern über Ihr Innerstes, Ihren Glauben. Ziel des gemeinsamen Weges soll es sein, mit einem Menschen, dem Sie alles sagen können, über Ihre religiösen Überzeugungen, auch Ihre Zweifel, Ihre Erkenntnisse, aber auch Ihre Dunkelheiten zu reden, so wie dies auch die Emmausjünger am Ostertag getan haben. Beobachten Sie, ob Sie während des Gehens an einen Punkt kommen, an dem Sie etwas von Jesus und seiner Gegenwart spüren. Seien Sie nicht unzufrieden, wenn der Spaziergang endet, bevor Sie zum Wichtigsten vorgedrungen sind. Nehmen Sie sich Zeit, den Weg bei passender Gelegenheit fortzusetzen.

✶

Reagieren Sie gelassener. Machen Sie nicht gleich eine Staatsaffäre daraus, wenn in einer Fernsehsendung wieder einmal ein geschmackloser Witz gemacht wird, in dem die Kirche durch den Kakao gezogen wird. Halten Sie sich vor Augen, dass Jesus seinen Nachfolgern nirgendwo empfohlen hat, nach dem Kadi zu rufen oder Rechtschutzversicherungen abzuschließen. Nehmen Sie sich seine Empfehlung zu Herzen, sich zu freuen und zu jauchzen, wenn Sie um des Menschensohnes willen beschimpft und in Verruf gebracht werden.

10. Lernen Sie Beten und Meditieren!

BETEN – NICHT SPINNEN!

Seien Sie wach und nüchtern, wenn Sie beten. Sie müssen nicht Obertonsingen, müssen sich in keine mystischen Sphären erheben. Gott ist da, eine Handbreit neben Ihnen. Dämmern Sie also nicht weg, sondern seien Sie absolut präsent! Beten Sie Gott an, hören Sie auf ihn, werfen Sie Ihre Sorgen auf ihn, lassen Sie sich von ihm bewegen.

Seid also besonnen und nüchtern zum Gebet. (Erster Brief des Petrus 4,7)

RHYTHMEN UND RITUALE

Beten Sie regelmäßig – am Morgen, zu den Mahlzeiten, am Abend, in der Nacht, wenn Sie nicht schlafen können, immer einmal wieder am Tag, wenn Sie Wartezeiten haben! Dann geht es Ihnen in Fleisch und Blut über, wird Ihnen zu einer lieben, unverzichtbaren Gewohnheit und verbindet Sie mit dem lebendigen Quellgrund Ihrer Hoffnung!

Übe dich in der Frömmigkeit. Die leibliche Übung ist zu Wenigem nützlich, die Frömmigkeit aber ist zu allem nützlich. Sie hat die Verheißung des Lebens, des irdischen und des künftigen. (Erster Brief an Timotheus 4,7–8)

1 x TÄGLICH!

Beten Sie täglich das Vaterunser und betrachten Sie es als die Mutter aller Gebete. Jesus hat seinen Jüngern dieses Gebet geschenkt, weil sie ratlos waren, wie man richtig betet. So können Sie ganz sicher sein, dass Sie keinen Humbug reden; und Sie können sich in jede dieser Bitte voller Vertrauen hineinschmiegen. Das sind die richtigen Worte!

Wenn ihr betet, so sagt: »Vater, geheiligt werde dein Name…« (Evangelium nach Lukas 11,2–4)

KEINE ANGST!

Sammeln Sie sich aus der Zerstreuung, bevor Sie mit dem Gebet beginnen. Sie müssen erst einmal ruhig werden und zu sich kommen, bevor Sie Ihr ganzes Wesen in ein Gespräch mit Gott einbringen können. Alles darf abfallen von Ihnen – gerade Ihre Angst. Wenn Sie beten, befinden Sie sich in den Händen Gottes. Er sorgt für Sie!

Seid nicht ängstlich besorgt, sondern lasst bei all eurem Beten und Flehen eure Anliegen mit Danksagung vor Gott offenbar werden. (Brief an die Philipper 4,6)

FÜR MICH UND FÜR ALLE

Fragen Sie sich hin und wieder, für wen Sie beten! Wenn einer mit einer Stoppuhr danebenstünde, wie viel Zeit entfiele dann auf Ihre persönlichen Sorgen, wie viel auf die Menschen, die unmittelbar mit Ihnen sind, wie viel auf das Wohl der ganzen Kirche, ja der Welt überhaupt? Schauen Sie darauf, dass das Verhältnis stimmt; blicken Sie auch mal über den Gartenzaun und denken Sie nicht nur an sich selber und die eigenen Angelegenheiten!

Vor allem ermahne ich dich, dass Bitten, Gebete, Fürbitten und Danksagungen verrichtet werden für alle Menschen. (Erster Brief an Timotheus 2,1)

HEIMLICH VERTRAUT

Führen Sie ein regelmäßiges Gebetsleben! Führen Sie es im Stillen und machen Sie keine Show daraus! Jeden Tag zu beten, dafür wirklich Zeit einzuräumen, ist fundamental. Sie werden auf Dauer kein Christ sein können, wenn Sie hier nicht ansetzen. Sie brauchen den direkten Draht zu Gott; Sie können nicht ständig aus zweiter Hand leben. Mit der Zeit wird Ihnen aufgehen, wie buchstäblich alles zum Gebet werden kann (das übrigens nicht immer Worte braucht), wie alle Gedanken, Handlungen, Bezüge im Raum einer bleibenden Vertrautheit mit Gott neue Kontur gewinnen.

Wenn ihr betet, so sollt ihr nicht sein wie die Heuchler, die gern in die Synagogen und an die Straßenecken stehen und beten, damit sie von den Menschen gesehen werden. Wahrlich, ich sage euch: Sie haben ihren Lohn schon empfangen. Du aber, wenn du betest, geh in deine Kammer, schließ die Türe zu und bete zu deinem Vater im Verbor-

genen; und dein Vater, der im Verborgenen sieht, wird dir vergelten. (Evangelium nach Matthäus 6,5–6)

GOTT HÖRT SIE!

Haben Sie kein schlechtes Gewissen, wenn Sie Gott eine ganze Litanei an Bitten vortragen! Die Krankheit des Partners, die Sorgen um die Kinder, der unsichere Arbeitplatz, die unerhörte Liebe zu einem Menschen, drohende Wolken am Horizont der Zukunft: Alles hat Platz vor Gott! Reden Sie sich Ihre Bitten von der Seele! Jesus selbst steht dafür ein (und er ist glaubwürdiger als manche Superklugen, die verächtlich auf das Bittgebet schauen, weil Gott ja ohnehin alles wisse). Vertrauen Sie darauf, dass Gott jede Ihrer Bitten hört, dass er sie sogar erhört, aber gestehen Sie ihm auch zu, dass er keine »Bestellungen ans Universum« annimmt, sondern dass er unsere manchmal recht kuriosen Bitten so erfüllt, wie es für uns richtig ist.

Bittet, und es wird euch gegeben werden; sucht, und ihr werdet finden; klopft an, und es wird euch aufgetan werden. (Evangelium nach Matthäus 7,7)

LEVEL DER FREUDE

Machen Sie Ihre veränderte innere Einstellung durch Taten und Zeichen sichtbar. Das erste Zeichen, das man von einem Christen erwartet, ist Freude. Gehen Sie am Morgen in Meditation und Gebet – und kehren Sie daraus so lange nicht wieder hervor, bis Sie den inneren Level der Freude haben, aus dem Sie an diesem Tag nichts mehr herausbringen soll!

Bringt Früchte, die der Bekehrung entsprechen. (Evangelium nach Lukas 3,8)

LIEBER HERZLICH ALS MÜNDLICH!

Beten Sie nicht mit dem Mund – beten Sie mit dem Herzen. Beten Sie lieber gar nicht, wenn Sie mit dem Herzen ganz woanders sind. Meinen Sie nicht, es gäbe etwas Menschliches, das keinen Platz im Gebet hätte. Ob Sie finanzielle Sorgen oder sexuelle Probleme haben, ob Ihre Kinder Sie verachten, ob Sie sich über einen Lottogewinn oder einen Maikäfer freuen – all das interessiert Gott. Und wenn Sie gar keine Worte finden und sich ihm nur hinhalten, dann versteht er Sie auch wortlos.

Wenn ihr betet, sollt ihr nicht plappern wie die Heiden, die sich einbilden, dass sie erhört werden, wenn sie viele Worte machen. Seid also nicht wie sie; denn euer Vater weiß schon, was ihr braucht, ehe ihr ihn bittet. (Evangelium nach Matthäus 6,7–8)

DIE KUNST DES DANKESAGENS

Nehmen Sie sich einmal fünf Minuten Zeit für einen Dank-Liste: Wofür müssten Sie Gott eigentlich Danke sagen? Sie finden nichts? Dann hilft Ihnen vielleicht das nigerianische

Sprichwort: »Ein Einäugiger wird Gott erst in dem Moment danken, da er einem Blinden begegnet.« Oder hilft Ihnen Vinzenz von Paul auf die Sprünge? Er empfahl die schlichte Regel: »Wir sollten genauso viel Zeit damit verbringen, Gott für seine Wohltaten zu danken, als wir damit verbringen, ihn darum zu bitten.«

Sagt allezeit Dank für alles Gott, dem Vater, im Namen unseres Herrn Jesus Christus. (Brief an die Epheser 5,20)

NEVER ENDING STORY

Beten Sie mehr, als Sie bislang gebetet haben – machen Sie Ihr ganzes Leben zu einem Gebet – in der Art, wie Sie miteinander umgehen, wie Sie Gott einbeziehen in Ihre Entscheidungen, wie Sie (insgeheim) bittend und segnend durch Ihren Tag gehen. Nutzen Sie alle Wartezeiten für eine Kontaktnahme mit Gott. Denken Sie daran, dass Heiliger Geist in Ihnen lebt, aus Ihnen heraus bereits ohne Unterlass zu Gott betet!

Betet ohne Unterlass. (Erster Brief an die Thessalonicher 5,17)

SEGNEN SIE!

Segnen Sie! Das ist kein Vorrecht von Priestern. Wann immer Sie an Menschen denken, die Ihnen wichtig sind: Schicken Sie einen Gruß an Gott mit der Bitte, diesen Menschen zu segnen. Gehen Sie noch weiter: Bitten Sie auch um Segen für Ihre Feinde (statt über eine Retourkutsche nachzugrübeln, die sich gewaschen hat). Bitten Sie um Segen, wenn Sie in eine wichtige Besprechung müssen! Bitten Sie um Segen vor einer Fahrt! Segen ist uns zugesagt. Warum segnen wir so selten?

Vergeltet nicht Böses mit Bösem, nicht Schmähung mit Schmähung; segnet vielmehr, weil ihr dazu berufen seid, Segen zu erhalten. (Erster Brief des Petrus 3,9)

SINGEN SIE!

Singen Sie, um Gott Ihre Verehrung zum Ausdruck zu bringen. Singen Sie die Jahrtausende alten Psalmen; singen Sie Lieder, die Sie mögen. Jubeln Sie, wenn Ihnen danach ist, ohne Text! Wer singt, heißt es, betet doppelt. Übrigens muss man nicht allein singen – Chorsingen macht unglaubliche Freude!

Lobsingt dankerfüllt aus euren Herzen vor Gott in Psalmen, Hymnen und geistlichen Liedern. (Brief an die Kolosser 3,16)

UM GEISTLICHE BERUFE BETEN!

Lassen Sie die Kirche nicht im Stich. Jesus hat ihr nahe gelegt, dass sie Gott um Menschen bitten soll, die sich rückhaltlos in Dienst nehmen lassen.

Bittet den Herrn der Ernte, dass er Arbeiter in seine Ernte sende. (Evangelium nach Matthäus 9,38)

FRÜHER ANFANGEN!

Beten Sie nicht dann erst, wenn Ihnen das Wasser bis zum Hals steht und Sie Gott quasi auf den Knien um Errettung aus dem Schlamassel bitten! Machen Sie es sich zu einer festen Angewohnheit, wenigstens am Morgen, zu den Mahlzeiten und am Abend zu beten. Und sehen Sie zu, dass Sie nicht nur »Bestellungen« auf den Lippen haben. Es gibt auch noch Dank- und Lobgebete.

Seid in der Hoffnung fröhlich, in der Drangsal geduldig, im Beten beharrlich. (Brief an die Römer 12,12)

INS LICHT STELLEN

Wenn Sie in einer wichtigen Sache nicht wissen, was Sie tun sollen, halten Sie Ihre ganze Unsicherheit in das Licht des Gebetes! Entscheiden Sie jetzt nicht, schieben Sie die Entscheidung auf! Beten Sie immer wieder um Erleuchtung; beten Sie so lange, bis Ihnen der Wille Gottes deutlich wird und Gott Ihnen die Dinge in klarem Licht erscheinen lässt.

Seid daher nicht unverständig, sondern versteht, was der Wille des Herrn ist. (Brief an die Epheser 5,17)

Machen Sie eine Kurzwallfahrt. Gehen Sie aus Ihrer Wohnung und machen Sie einen kleinen Spaziergang. Begeben Sie sich an einen Ort, an dem Sie gern sind und an dem Sie ganz allein sind. Egal, ob es ein kleines Waldstück, ein Aussichtspunkt über der Stadt, eine stille Kirche, ein Friedhof oder die Rückseite des Bahnhofs ist. Beten Sie dort ein Vaterunser und gehen Sie still wieder nach Hause.

✶

Danken Sie für das tägliche Brot. Bitten Sie nicht nur um das tägliche Brot, sondern danken Sie dem himmlischen Vater auch dafür. Übrigens können Sie ergänzen: meine tägliche Arbeit, meine täglichen Beziehungen, meine täglichen Freuden, meine tägliche Kraft.

✶

Lassen Sie sich richtig segnen. Wenn Ihnen der Pfarrer beim Segen zusagt, dass Gott mit Ihnen ist, so betrachten Sie es von jetzt ab nicht mehr als leere Floskel. Öffnen Sie sich für die Wirklichkeit, die hinter den Worten des Segensspruches steht. Freuen Sie sich darüber, dass der große und unendliche Gott immer für Sie da ist und Ihnen ganz nahe sein will. Betrachten Sie es als Glück, das Kind dieses himmlischen Vaters sein zu dürfen, der das ganze Weltall in all seiner Vielfalt ins Dasein gerufen hat. Übrigens: Warum bitten Sie nicht jemand darum, dass er Sie segnet? Manche Paare trennen sich nicht, ohne dass der eine dem anderen ein kleines Kreuz auf die Stirn zeichnet.

✶

Sammeln Sie alte Gebetbücher. Auf Flohmärkten und in Antiquariaten gibt es sie in reicher Auswahl. Was andere hergeben, könnte für Sie zur Fundgrube werden. Blättern Sie hin und wieder in den vergilbten Seiten. Denken Sie an die Menschen, die sich in diese Gebete hineinschmiegen konnten, sie oft und oft zum Himmel schickten. Suchen Sie sich ein Gebet heraus, das Ihnen in seiner altertümlichen und eigenartigen Sprache auf den ersten Blick recht befremdlich erscheint. Vertiefen Sie sich in den Text und versuchen Sie das, was unsere Vorfahren mit diesen Worten gemeint haben, so auszudrücken, wie man dasselbe heute sagen würde.

✶

Beten Sie den Rosenkranz. Sie müssen zu einer Kontrolluntersuchung ins Krankenhaus. Es kann Stunden dauern, bis Sie aufgerufen werden. Wäre es nicht eine gute Idee, wenn Sie die lange Wartezeit dazu nutzen, um an eine uralte Übung anzuknüpfen? Beten Sie doch einfach Rosenkranz (eine gute Anleitung dazu finden Sie unter www.autobahnkirche.de). Das ist wie ein Mantra, das Sie in die Tiefe bringt, Ihnen Frieden schenkt. Tun Sie es aber nicht, indem Sie den Gebetstext flüstern und Ihre Lippen bewegen und die Perlenschnur durch Ihre Finger gleiten lassen. Beten Sie im Stillen. Provozieren Sie Andersdenkende nicht mit Ihrer Frömmigkeit

✶

Lassen Sie sich vom Segen verwandeln. Erfahren Sie, wie der Segen, den Sie sprechen – der Segen Gottes, den Sie auf die Häuser und die, die in ihnen wohnen, herabrufen – Sie selber verwandelt. Er verändert Ihre Beziehung zu den Dingen und Menschen, die Sie umgeben. Segnen Sie auch unbekannte Dinge und Dinge, die Sie erschrecken.

✶

Üben Sie das »Abba«-Gebet. Begnügen Sie sich beim Beten nicht mit vorgestanzten Floskeln. Versuchen Sie in der Art zu beten, die Jesus gelehrt hat. Nämlich in der Haltung eines so grenzenlosen Vertrauens, wie es ein Kleinkind hat. Sagen Sie auf Ihre ganz persönliche Weise zu Gott »Abba« (das heißt: Lieber Vater!). Sprechen Sie betend Ihre Empfindungen und Bedürfnisse einfach so ungeniert aus, wie sie es als kleines Kind getan haben, auch wenn Sie Ihre Wünsche als unpassend empfinden – und sie es vielleicht tatsächlich auch sind.

✶

Nehmen Sie Ihre Mitmenschen ins Gebet. Schließen Sie die Augen. Lassen Sie die Menschen, mit denen Sie beruflich und privat zu tun haben, in Gedanken an Ihnen vorüberziehen. Sprechen Sie für jeden von ihnen eine Fürbitte. Nicht nur für die, die Sie mögen. Sondern auch für jene, mit denen Sie Schwierigkeiten haben.

✶

Gehen Sie anders durch die Stadt. Wenn Sie in ziemlicher Distanz zu dem konsumistischen Treiben Ihres Wohnortes stehen und beispielsweise nur mit Grauen und Bauchweh durch den Weihnachtstrubel gehen, wird es Zeit für eine mentale Umstellung, damit Sie Ihren Mitmenschen nicht innerlich kündigen. Ziehen Sie sich nicht zurück. Gehen Sie weiter durch die Einkaufspassage. Aber bitten Sie dabei um Gottes Segen. Beziehen Sie alles, was Sie gerade wahrnehmen, in den Segen sein. Sprechen Sie bei sich: »Der Herr segne die Leute, die da durch die Geschäfte hasten. Der Herr segne das Brot, das in dieser Bäckerei gebacken wird. Der Herr segne die Kinder, deren Eltern gerade Geschenke für sie kaufen. Der Herr segne die beiden Biertrinker in der Kneipe. Der Herr segne die Verkäuferin in dieser Boutique.« Sie wissen nicht, was Sie bewegen.

✶

Blättern Sie in einem Gebetbuch. Suchen Sie ein Gebet, das zu Ihrer Situation passt und in dem die Anliegen formuliert sind, die Sie Gott gerne vortragen möchten. Machen Sie dieses Gebet zu Ihrem eigenen Gebet. Nehmen Sie die von dem Autor vorformulierten Worte in sich auf und lassen Sie sie in Ihrem Herzen Widerhall finden, bis die Worte des Gebetes für Sie genau das ausdrücken, was Sie ausdrücken möchten.

✶

Üben Sie das Bittgebet. Warten Sie nicht darauf, bis die Not Sie bitten lehrt, sondern bitten Sie Ihren himmlischen Vater auch so. Er weiß zwar ohnehin, was Sie alles nötig haben, ohne dass Sie ihn erst feierlich darum bitten müssten, und Sie wissen auch, dass er es Ihnen gibt. Trotzdem erübrigt sich das Bittgebet nicht. Nicht der liebe Gott hat es nötig, sich von Ihnen bitten zu lassen, sondern Sie haben es nötig, ihn zu bitten. Das Bittgebet hilft Ihnen, sich immer wieder in Erinnerung zu rufen, welche Beziehung zwischen Ihnen und dem himmlischen Vater besteht. Üben Sie das Bittgebet daher in jener Haltung, die Elmar Gruber einmal mit folgenden Worten formuliert hat: »Bittet so, als hättet ihr schon empfangen!«

✶

Nützen Sie den Supermarkt nicht nur zum Einkaufen. Ertragen Sie es mit Gelassenheit, wenn Sie im Supermarkt in der Warteschlange stehen und einer Geduldsprobe unterzogen werden. Nützen Sie die eineinhalb Minuten, die Sie länger als sonst brauchen, für einen positiven Gedanken. Sprechen Sie ein Gebet. Denken Sie nach, welche Gelegenheit sich bietet, heute noch etwas Positives zu tun.

✶

Nehmen Sie am Stundengebet im Kloster teil. Viele Gemeinschaften laden zum Mitbeten ein. Lassen Sie sich von der Kraft des gemeinschaftlichen Gebetes erfassen. Lassen Sie sich ein auf oft Jahrtausende alte Gebete. Atmen Sie mit! Fühlen Sie mit! Werden Sie zum aktiven Teil des Gotteslobes, das gerade überall in der Welt Gott dargebracht wird.

✶

Blättern Sie in einem Lifestyle-Magazin. Sehen Sie sich einige Fotos näher an. Versuchen Sie in den Gesichtern der hier abgelichteten Models zu lesen. Stellen Sie sich vor, welche Lebensschicksale sich hinter den Fotos verbergen mögen. Seien Sie sich sicher: Es ist mindestens ebenso viel Glanz wie Elend dabei. Nicht umsonst haben etliche »Ikonen der Öffentlichkeit« ein Drogen- oder Beziehungsproblem. Formulieren Sie ein Fürbittgebet für diese Menschen.

✶

Hören Sie geistliche Musik. Nehmen Sie sich Zeit, im Radio oder auf Ihrem CD-Player ein Stück geistlicher Musik zu hören: die Vertonung eines Psalms oder des »Magnifikat«, eine Kantate von Johann Sebastian Bach oder eine Messe von Franz Schubert. Muten Sie sich auch einmal etwas zu, das in einer moderneren Tonsprache komponiert ist: zum Beispiel ein Stück von Olivier Messiaen oder von Arvo Pärt. Überlassen Sie sich den Gefühlen, die die Töne bei Ihnen auslösen. Horchen Sie auf die Botschaft, die sie Ihnen sagen.

*

Leben Sie in der Gegenwart Gottes. Sprechen Sie mit den Worten der Bibel: »Herr, du erforschst mich und kennst mich. Ob ich sitze oder stehe, du weißt es« (Psalm 139). Machen Sie sich bewusst, dass Ihnen Gott nicht nur in besonders frommen Momenten, sondern in Ihrem ganz normalen alltäglichen Leben jederzeit nahe ist, ganz egal, was Sie gerade tun: ob Sie sich im Wartezimmer eines Arztes befinden oder auf der Autobahn unterwegs sind, ob Sie fasten oder Rebhuhn essen, Traurige trösten oder einem Menschen das Unrecht verzeihen, das er Ihnen angetan hat.

11. Nutzen Sie Ihre Zeit und Ihre Talente!

JETZT BEGINNEN

Verschieben Sie einen Neuanfang mit Gott nicht auf morgen. Beginnen Sie sofort, in diesem Augenblick. Übergeben Sie Ihre Vergangenheit, Ihre Zukunft und diesen Augenblick Gott. Verlieren Sie keine Zeit.

Nützt die Zeit aus; denn diese Tage sind böse. (Brief an die Epheser 5,16)

SETZEN SIE AUF DAS, WAS BLEIBT

Hängen Sie Ihr Herz nicht an ein Haus, einen Job, einen akademischen Titel, eine Liste Ihrer Verdienste – ja nicht einmal an Ihren Partner, Ihre Kinder, Ihre Freunde! Nichts außer Gott bleibt – in ihm sind Sie auch dann noch geborgen, wenn Ihnen viel oder alles genommen wird.

Die Zeit ist kurz. Es sollen daher auch jene, die Frauen haben, so sein, als hätten sie keine, und die Weinenden so, als weinten sie nicht, und die sich Freuenden, als freuten sie sich nicht, und die Kaufenden, als behielten sie nichts, und die mit der Welt Verkehrenden, als verkehrten sie nicht; denn die Gestalt dieser Welt vergeht. (Erster Brief an die Korinther 7,29–31)

HOLEN SIE IHRE ERINNERUNGEN HEIM!

Integrieren Sie die oft irritierenden Erfahrungen Ihres Lebens in Ihren Glauben! Sprechen Sie mit einem erfahrenen geistlichen Berater, wie Sie die Essenz Ihrer »wilden Jahre« retten können, damit sie zu einer Botschaft, einem Auftrag für sie wird und Sie nicht einer verlorenen Zeit nachtrauern müssen.

Halte dich fern vor den Leidenschaften der Jugend. Strebe dagegen nach Gerechtigkeit, Glauben, Liebe und Frieden in Gemeinschaft mit denen, die den Herrn anrufen aus reinem Herzen. (Zweiter Brief an Timotheus 2,22)

UNTERSCHEIDEN SIE SICH!

Rufen Sie sich ins Gedächtnis, dass Sie ein Radikaler sind – und möglicherweise ein ziemlicher »Outsider«! Sie verabschieden sich von Ihren Ellenbogen und vom Ringelpietz um den nächsten Sexpartner. Sie dienen, ohne ein Dankeschön dafür zu erwarten. Sie lassen sich nicht kaufen. Sie kommen nicht auf Ihre Kosten. Sie glauben daran, dass man glücklich sein kann, ohne dass man sich alle Wünsche erfüllt. Sie rechnen damit, dass es nach dem Sterben weitergeht. Sie sind ein Quertreiber. Und Sie sind auch noch stolz darauf.

Lass die Toten ihre Toten begraben; du aber geh hin und verkünde das Reich Gottes. (Evangelium nach Lukas 9,60)

BEWEISEN SIE SICH AUF DER STRECKE!

Stellen Sie sich auf die lange Distanz ein, wenn Sie Christ sein wollen! Das ist kein dann und wann fälliges euphorisches Highsein, kein gelegentliches Auftanken im Licht – Christsein ist auch Arbeit, auch Durchhalten, auch ein Geduldsspiel. Und Sie brauchen Steherqualitäten. Überlegen Sie daher, wie Sie Regelmäßigkeit in Ihr Christsein implantieren könnten. Denn einen Marathon laufen Sie auch nicht aus dem Stand.

Werdet nicht müde, Gutes zu tun. (Zweiter Brief an die Thessalonicher 3,13)

NUTZEN SIE IHRE ZEIT UND IHRE GABEN!

Stärken Sie Ihre Stärken und haben Sie Geduld mit sich, wo Sie schwach sind. Wenn Sie ein Kreativer sind, müssen Sie kreativ sein, um im Reich Gottes den Job zu machen, für den Sie geschaffen wurden. Sie müssen Gott nicht beweisen, dass Sie auch Weltmeister in Verwaltung und Aufräumen sind. Ist Ihnen aber die Gabe der Ordnung gegeben, müssen Sie Gott nicht beweisen, dass sie auch der Beste im Erfinden neuer Dinge sind. Entfalten Sie Ihr spezifisches Talent zum Guten!

Und so wünsche ich, dass ihr begabt seid für das Gute, unbeholfen aber für das Böse. (Brief an die Römer 16,19)

SCHAUEN SIE NACH VORN!

Schauen Sie nicht zurück! Lassen Sie nicht nach in Ihrem Eifer! Sie haben sich das ambitionierteste Ziel gesetzt, das denkbar ist: eines Tages voll und ganz in die Gemeinschaft mit Gott zu gelangen. Je mehr Sie davon verstehen, desto anspruchsvoller nimmt Gott Sie in die Pflicht!

Müht euch, durch die enge Pforte hineinzukommen; denn ich sage euch: Viele werden hineinzukommen suchen und es nicht vermögen. (Evangelium nach Lukas 13,24)

BRINGEN SIE SICH EIN!

Was können Sie besonders gut? Singen? Dann singen Sie, engagieren Sie sich musikalisch in der Kirche! Organisieren? Dann organisieren Sie! Blumen dekorieren? Dann dekorieren Sie! Schreiben? Dann schreiben Sie. Seien Sie sicher, dass Gott Sie mit irgendeiner Gabe ausgestattet hat, die man im Leib Christi – der Kirche – dringend gebrauchen kann.

Dient einander, jeder mit der Gnadengabe, die er empfangen hat, als gute Verwalter der mannigfaltigen Gnade Gottes. (Erster Brief des Petrus 4,10)

Vertrödeln Sie nicht Ihre Zeit. Erledigen Sie, was Sie sich vorgenommen haben. Sagen Sie nicht: »Ich brauche mich doch nicht zu beeilen, ich habe ohnehin noch so viel Zeit.« Leben Sie nicht in den Tag hinein, sondern gehen Sie unbeirrt auf das Ziel zu, das Sie sich gesetzt haben. Machen Sie sich einen Plan, was Sie bis wann erledigt haben wollen. Seien Sie realistisch und bauen Sie auch Pausen ein.

✶

Besuchen Sie eine Buchhandlung. Schlagen Sie die halbe Stunde Zeit zwischen zwei Terminen nicht tot, sondern tun Sie etwas Sinnvolles. Besuchen Sie eine Buchhandlung und stöbern Sie nach Büchern, die Sie persönlich ansprechen. Selbst wenn Sie beruflich mit Texten zu tun haben, werden Sie garantiert Bücher finden, auf die Sie noch nie gekommen sind und deren Lektüre von Gewinn für Sie sein könnte.

✶

Putzen Sie Türklinken. Machen Sie sich eine Liste von Hausarbeiten, die regelmäßig anfallen oder in größeren Abständen notwendig werden, und erledigen Sie es zwischendurch. Schieben Sie es nicht auf, bis Sie einmal ein ganzes Wochenende lang nichts anderes tun, als lauter unerledigte Arbeiten zu verrichten, und nur noch stöhnen. Suchen Sie sich Schlupflöcher, in denen Ihnen eine solche »stupide Arbeit« gerade recht kommt. Sie kommen erschöpft nach Hause, der Schädel brummt Ihnen noch von den vielen Gesprächen, die Sie geführt haben, und den Problemen, die Sie zu lösen hatten. Endlich ist Feierabend und Sie können sich entspannen und etwas ganz anderes tun. Sie haben aber nicht viel Zeit, denn in einer halben Stunde müssen Sie schon wieder los, um rechtzeitig beim Elternabend zu sein. Sitzen Sie nicht die halbe Stunde lang sinnlos herum und verbringen Sie sie nicht geistlos zappend vor dem Fernseher.

Machen Sie etwas ganz Anderes. Lassen Sie sich von Ihrer Liste demnächst fälliger Hausarbeiten inspirieren und ergreifen Sie die Initiative. Putzen Sie die Türklinken in der Wohnung oder zumindest die an der Eingangstür. Sie werden sehen, wie entspannend und befriedigend eine solche Arbeit sein kann, wenn man sie im richtigen Moment und mit der richtigen Einstellung macht.

✶

Entdecken Sie die Langsamkeit. Betrachten Sie es nicht als Gewinn, dass unsere Zeit so schnelllebig geworden ist. Bedenken Sie den Preis, den Sie dafür bezahlen müssen, dass alles immer schneller und noch schneller geht. Entdecken Sie die Langsamkeit. »Entschleunigen« Sie sich. Lassen Sie sich Zeit, auch wenn andere noch so schnell sind. Nehmen Sie sich so viel Zeit, wie Sie brauchen.

✶

Schenken Sie einen Gutschein mit »Zeit.« Der Geburtstag eines lieben Menschen naht. Wie jedes Jahr stellt sich wieder die leidige Frage: »Was soll ich schenken?« Sie haben im Lauf der Zeit schon alles Mögliche geschenkt. Wie wär's, wenn Sie ihm diesmal einen Gutschein mit »Zeit« schenken würden? Stellen Sie sich die Überraschung vor, wenn das kleine Schächtelchen aufgemacht und der Gutschein entdeckt wird, den Sie darin verpackt haben. »Eineinhalb Stunden Zeit für Dich«, haben Sie mit hübschen Buchstaben auf ein buntes Stück Papier geschrieben, »einzulösen bis zum 31. August«.

✶

Nutzen Sie die Zeit im Zug. Blicken Sie aus dem Fenster und betrachten Sie die wunderschönen Landschaften, die an Ihrem Auge vorbeigleiten. Stimmen Sie in das Lob der

Schöpfung ein. Nehmen Sie die alten Lobgesänge wörtlich. Preisen Sie den Herrn mit all seinen Werken. Sprechen Sie Ihren ganz persönlichen Lobgesang: »Ich preise dich, Herr, mit den schneebedeckten Gipfeln der Berge. Mit den kahlen Felsen. Mit den knorrigen Eichen. Mit diesem Wasserfall. Mit diesen Wiesen und den Kühen, die auf ihnen weiden. Mit den Autos auf der Autobahn. Mit den Vorgärten der Städte. Mit diesem Sportplatz da. Mit diesem Swimmingpool. Mit dieser prächtigen Pappel und dem kläffenden Schäferhund. Mit dem Fünf-Sterne-Hotel. Mit diesen beiden Baukränen. Mit dieser hässlichen Betonmauer vor dem Bahnhofsgelände. Mit den Abfalleimern, Sitzbänken und Informationstafeln und mit dieser Treppe zum Ausgang. Amen.«

*

Bemühen Sie sich, pünktlich zu sein. Wenn Sie zu Besuch kommen, richten Sie es so ein, dass Sie nicht zu spät dran sind. Vermeiden Sie es, dass die anderen auf Sie warten müssen. Kommen Sie aber auch nicht zu früh, um Ihre Gastgeber, die noch damit beschäftigt sind, die letzten Vorbereitungen zu treffen, nicht unnötig unter Stress zu setzen.

*

Lassen Sie sich Zeit. Erledigen Sie nicht alles mit dieser Hektik, die Sie sich in der letzten Zeit zugelegt haben. Horchen Sie in sich hinein. Folgen Sie Ihrem inneren Rhythmus. Sie werden schneller, indem Sie langsamer werden. Auch ein unübersehbares Feld wird nur Pfluglinie und Pfluglinie umbrochen. Große Aufgaben soll man niemals hektisch angehen, sondern mit Langmut und Geduld.

Genießen Sie den Frühling. Nehmen Sie sich Zeit, an einem prächtigen Frühlingstag einen Spaziergang zu machen. Hören Sie die Stimmen in der Natur, riechen Sie die Düfte, spüren Sie die Sonnenstrahlen. Sehen Sie, wie alles grünt und blüht. Betrachten Sie, wie die Natur wieder neu wird und doch gerade durch dieses ständige Neuwerden immer die Alte bleibt.

✶

Gehen Sie zwei Minuten früher zum Bus. Vermeiden Sie unnütze Hektik und freuen Sie sich über die zwei Minuten, die Sie nun in Ruhe warten können, statt im letzten Moment zum bereits startbereiten Bus zu hetzen.

✶

Besuchen Sie einen Tanzkurs. Frischen Sie die Kenntnisse auf, die Sie schon erworben haben, und lernen Sie neue Tanzschritte kennen. Genießen Sie das Spiel der Bewegungen und die Freude an schönen Tanzfiguren. Sie werden sich in Ihrem Körper wieder wohl fühlen. Bedenken Sie, dass Sie sich selbst nach Gottes Willen genauso lieben sollen wie Ihre Nächsten.

✶

Machen Sie es wie die Zenmeister: ganz langsam, ganz bewusst. Schnüren Sie Ihre Schuhe. Befolgen Sie diesen Rat so, wie ihn Meister spiritueller Erfahrung gemeint haben. Widmen Sie sich, wenn Sie Ihre Schuhe schnüren, voll und ganz dem Schnüren. »Wenn du gehst, dann gehe. Wenn du sitzt, dann sitze. Wenn du schläfst, dann schlafe.«

✶

Gewinnen Sie eine gelassenere Sicht auf die eigene Lebenszeit. Trauern Sie nicht den Jahren nach, die vorüber sind, und den Chancen, die Sie nicht genutzt haben. Blicken Sie auf das Hier und Jetzt. Machen Sie sich bewusst, dass Sie nicht in der Vergangenheit leben, sondern heute. Sprechen Sie es aus und sagen Sie es zu sich selbst: »Ich lebe hier und heute, und mein Leben hat Sinn.« Entscheiden Sie, wofür Sie ab heute weniger, wofür Sie in Zukunft mehr Lebenszeit einsetzen wollen.

✶

Gönnen Sie sich eine Ruhepause. Lassen Sie sich nicht von Zwängen des Alltags terrorisieren. Bedenken Sie, dass nicht nur in der Arbeitswelt, sondern in Ihrem privaten Bereich – in den Arbeiten, die Sie für sich selber tun – das Prinzip gilt: Nicht der Mensch ist für die Arbeit da, sondern die Arbeit ist für den Menschen da. Tun Sie, was getan werden muss, aber bedenken Sie, dass allzu viel ungesund ist und zu guter Letzt auch das Ausruhen etwas ist, das unbedingt sein muss.

✶

Machen Sie Fortschritte in der Liebe. Begnügen Sie sich nicht mit dem bisschen Nächstenliebe, das Sie bisher zustande gebracht haben. Machen Sie ein Brainstorming, seien Sie erfinderisch in der Liebe: Wer braucht Sie? Wo können Sie ein bisschen Licht in den Alltag bringen? Wem können Sie auf die Sprünge helfen? Wo ist Not am Mann? Welche freundliche Geste ruft nach Wiederholung? Machen Sie weiter – werden Sie ruhig zum Wiederholungstäter.

✶

Besuchen Sie ein Volksfest. Verabreden Sie sich mit anderen Familien und gehen Sie gemeinsam auf ein Volksfest. Unterhalten Sie sich einfach ganz zwanglos, ohne bestimmte Erwartungen damit zu verknüpfen. Gönnen Sie sich und den Kindern außergewöhnliche kulinarische Köstlichkeiten und fahren Sie, falls es Ihnen Spaß macht, auch in der Geisterbahn. Lebensfreude ist ein Wert an sich – und wenn Sie richtig Spaß haben, freuen sich auch die Engel im Himmel.

✶

Aktivieren Sie Ihre Fähigkeit zur Geduld. Denken Sie nach, was für Situationen es gibt, die für Sie unerträglich sind, mit denen Sie aber immer wieder konfrontiert werden. Fangen Sie bei der im Vergleich noch am wenigsten unerträglichen Situation an. Halten Sie es beim nächsten Mal um eine Minute länger aus.

✶

Verschieben Sie einen wichtigen Termin. Verschieben Sie heute einen wichtigen Termin, um etwas anderes Wichtiges zu tun: nämlich nichts. Nur ausspannen, die Seele nachkommen lassen, neue Kräfte sammeln, feiern.

✶

Teilen Sie Ihre Zeit besser ein. Überlassen Sie es nicht dem Zufall, ob Sie für etwas Zeit haben oder nicht. Nehmen Sie Zettel und Bleistift. Schreiben Sie auf, was Sie mit der Zeit, die Ihnen zur Verfügung steht, anfangen. Stellen Sie fest, wie viel Zeit Sie verwenden, um berufliche Tätigkeiten auszuüben und Alltagspflichten zu erfüllen, und wie viel Zeit Ihnen für Ihre Hobbys bleibt. Rechnen Sie aus, wie viele Stunden, Viertelstunden oder Minuten Sie sich pro Tag, pro Woche oder pro Monat Ihren Familienangehörigen widmen – Ihren Kindern, Ihren Geschwistern, Ihren Eltern und deren Angehörigen, Ihrem Ehepartner und deren Angehörigen – und wie viel Zeit Sie für Kolleginnen und Kollegen, Bekannte und Freunde reserviert haben. Bereits das genaue Nachdenken darüber, wie Sie Ihre Zeit verwenden, wird Ihnen zeigen, wo Sie den Hebel ansetzen müssen, damit das, was Sie tun möchten oder tun sollten, eine Chance hat, das zu werden, was Sie tatsächlich tun.

*

Werfen Sie die Flinte nicht ins Korn. Geben Sie nicht auf, wenn es Ihnen nicht gelingt, jeden guten Vorsatz, den Sie gefasst haben, auch gleich in die Tat umzusetzen. Viele Ziele lassen sich nur in Etappen erreichen. Wenn Sie etwas erreichen wollen, kommt es nicht nur auf Ihre Kraft an, sondern auch auf Ihr Durchhaltevermögen. Entwickeln Sie Ausdauer. Setzen Sie sich kleinere Ziele. Ein langer Weg besteht aus vielen kleinen Schritten.

12. Entdecken Sie die Kirche für sich!

SUCHEN SIE DIE GEMEINSCHAFT!

Entziehen Sie sich nicht der Gemeinschaft mit anderen Christen. Erlöst wird man nicht im Singular. Allein die Freude drängt zu den anderen, denn sie will geteilt werden. Und »wo zwei oder drei in meinem Namen versammelt sind, da bin ich mitten unter ihnen« (Mt 18,20). Suchen Sie die Gemeinde und lassen Sie sich verbindlich auf sie ein.

Im Übrigen, Brüder, freut euch, werdet vollkommen, ermahnt einander, seid gleich gesinnt, seid friedsam, und der Geist der Liebe und des Friedens wird mit euch sein. (Zweiter Brief an die Korinther 13,11)

LASSEN SIE SICH GEBRAUCHEN!

Lassen Sie sich einen »Platz« zuweisen in Ihrer Gemeinde, eine Aufgabe, die zu Ihnen passt, einen Dienst, den Sie verrichten können. Lassen Sie sich so in den Bau der Kirche einfügen – und helfen Sie, an ihr weiterzubauen. Beten Sie mit anderen, dass der Heilige Geist mit Ihnen sei, und seien Sie voller Erwartung auf das, was Gott mit Ihnen vorhat.

Gründet euch auf euren hochheiligen Glauben, und baut darauf weiter, betet in der Kraft des Heiligen Geistes, hal-

tet fest an der Liebe Gottes und wartet auf das Erbarmen Jesu Christi. (Brief des Judas 20)

BEZIEHEN SIE STELLUNG!

Lesen Sie Biografien von Heiligen und großen Christen, damit Sie wieder eine Ahnung bekommen, wie die Morgenluft bedingungsloser Hingabe schmeckt. Sehen Sie Jesus, das Original, durch die Brille seiner Nachfolger und Nachahmer – und lernen Sie durch sie, Stellung zu beziehen. Sie können nicht gleichgültig bleiben.

Seid meine Nachahmer, wie auch ich Christi Nachahmer bin. (Erster Brief an die Korinther 11,1)

BENUTZEN SIE KIRCHEN SACHGERECHT!

Denken Sie daran, wozu Kirchen gut sind: damit Himmel und Erde miteinander in Verbindung kommen. Gotteshäuser sind Orte mit einer besonderen Aura; es sind gewissermaßen Kontakt-Stellen zu Gott. Nutzen Sie die vielen Kirchen am Weg zu kleinen »Auszeiten«, zu Meditation und Gebet – und nicht zum Sightseeing und für öffentliche Darlegungen Ihrer kulturgeschichtlichen Kenntnisse.

Macht das Haus meines Vaters nicht zu einer Markthalle. (Evangelium nach Johannes 2,16)

ERFÜLLEN SIE JESU LETZTEN WUNSCH!

Feiern Sie unbedingt jeden Sonntag die heilige Eucharistie mit! Es war Jesu letzter Wunsch, dass seine Jünger »zu meinem Gedächtnis« zu Mahlfeiern zusammenkommen sollten. Nach der Auferstehung bestimmten die ersten Gemeinden den Auferstehungstag zum Eucharistietag. Wer dazu gehörte, ging hin. Wer nicht hinging, gehörte nicht dazu. Das ist noch immer so.

Tut dies zu meinem Gedächtnis. (Evangelium nach Lukas 22,19)

LASSEN SIE SICH KORRIGIEREN!

Achten Sie unbedingt darauf, dass Sie vor allem in Ihrem Glauben nicht »beratungsresistent« sind! Rechnen Sie damit, dass Sie falsch liegen! Erbitten Sie von anderen Menschen Korrektur! Suchen Sie Christen, die im Glauben weiter sind als Sie! Aber lassen Sie sich auch durch das gute Beispiel von Nichtchristen anstiften!

Belehrt und ermuntert einander in aller Weisheit. (Brief an die Kolosser 3,16)

BETEN SIE FÜR DIE KIRCHE!

Ziehen Sie nicht über Gottes Bodenpersonal her. Es sind nicht mehr viele, die das auf sich nehmen. Beten Sie lieber jeden Tag für all jene, die in der Kirche Verantwortung tragen. Beten Sie darum, dass sie ihrem Auftrag treu bleiben, dass sie die Kraft dazu finden, und um Menschen, die ihnen zur Seite (statt im Weg) stehen.

Brüder, betet auch für uns. (Erster Brief an die Thessalonicher 5,25)

GEHEN SIE ZUM VEREINBARTEN TREFFPUNKT!

Gehen Sie selbst regelmäßig in den Gottesdienst, statt darüber zu schimpfen, dass immer weniger Leute in die Kirche gehen. Sagen Sie sich: Es ist mein Zeichen dafür, dass ich zu Gott gehören möchte (und zu denen, die mit mir an ihn glauben), wie es das Zeichen eines liebenden Paares ist, dass man sich küsst – und zwar regelmäßig. Wenn Ihnen der Gottesdienst Ihrer Heimatgemeinde nicht gefällt, suchen Sie woanders danach. Aber halten Sie unbedingt an diesem Zeichen fest!

Von unseren Versammlungen wollen wir nicht wegbleiben, wie einige es zu tun pflegen, sondern wir wollen einander aufmuntern, und das umso mehr, je näher ihr den Tag herankommen seht. (Brief an die Hebräer 10,25)

KÄMPFEN SIE UM IHRE GESCHWISTER!

Sagen Sie der Gemeinschaft nicht beim ersten Konflikt ade. Es gehört dazu, dass Sie die Konflikte aushalten, sie auf christliche Weise zu lösen helfen und – wo es nicht anders möglich ist – sie im Leiden durchtragen. Gehen Sie immer wieder aufeinander zu, gehen Sie geschwisterlich miteinander um und kämpfen Sie um jeden, der zum Außenseiter werden könnte, weil er sich gegen die Gemeinschaft oder gegen Sie versündigt hat.

Hat aber dein Bruder gegen dich gesündigt, so geh hin und stelle ihn unter vier Augen zur Rede. Hört er auf dich, so hast du deinen Bruder gewonnen. (Evangelium nach Matthäus 18,15)

DAS PLUSZEICHEN IN DER STADT

Helfen Sie, dass die Gemeinschaft von Christen, zu der Sie gehören, ein Aushängeschild für Gott wird. Sie müssten in Ihrem Dorf, Ihrer Stadt bekannt werden als eine Art »Pluszeichen«. Vielleicht weil Sie für die Kinder und Jugendlichen da sind, für die Alten und Kranken, für die Alleinerziehenden und vielleicht sogar für die Schwulen. Vielleicht weil Sie Freude ausstrahlen, weil Sie Konflikte anders austragen, weil Sie Ungerechtigkeit nicht hinnehmen, weil Solidarität bei Ihnen konkret wird.

Macht meine Freude dadurch voll, dass ihr gleichen Sinnes seid, die gleiche Liebe in euch habt, aus gleich gestimmter Seele auf das eine bedacht seid, in keiner Weise aus Selbstsucht und Eigendünkel, sondern demütig einer den andern höher achtet als sich selbst. (Brief an die Philipper 2,2–3)

ERST BETEN!

Wenn Sie spüren, dass Ihre Gemeinde hinter ihrem Auftrag zurückfällt, so beginnen Sie, bevor Sie eine Diskussion vom Zaun brechen, mit einem Gebet für Ihre Gemeinde: »Herr, der du uns zusammengerufen hast, lass uns auch zusammen den Weg zu dir nach Hause finden. Einige du uns, wo wir in Parteienzwist und Streit auseinander fallen. Bewege unsere Herzen, wo es uns an Gefühl und Gespür fehlt für die Not in unserer Stadt. Mache uns barmherzig und offen, dass andere sich eingeladen fühlen, unseren Weg zu dir mit uns zu teilen.« Gewinnen Sie auch andere für dieses Gebet.

Ihr alle endlich, seid einmütig, mitfühlend, brüderlich, barmherzig, bescheiden. (Erster Brief des Petrus 3,8)

KLAGEN KEINEN RAUM GEWÄHREN

Verabschieden Sie sich vom »christlichen Jammertal«! Verbreiten Sie keine negativen Parolen und keine üblen Gerüchte! Deprimieren Sie sich nicht gegenseitig! Verfolgen Sie die guten Ansätze kraftvoll weiter. Folgen Sie dem Leitspruch des ebenso guten wie klugen Papstes Johannes XXIII.: »Alles sehen, vieles übersehen, einiges liebevoll korrigieren!«

Klagt nicht übereinander, Brüder, damit ihr nicht verurteilt werdet. (Brief des Jakobus 5,9)

EIN CHRIST IST KEIN CHRIST!

Lassen Sie sich einbauen in die Gemeinschaft der Christen! Wer Christ ist, den drängt es dazu, seine Erfahrungen und Fragen mit anderen zu teilen, von ihnen zu lernen, mit ihnen seinen Glauben zu feiern, von ihnen gebraucht zu werden, einen Dienst auszuüben, den kein anderer für ihn übernehmen kann. Überprüfen Sie, ob Sie eine lebendige Verbindung haben zu einer christlichen Gemeinde! Wie oft gehen Sie da hin? Wie stark lassen Sie sich einspannen? Wie viel Bereitschaft signalisieren Sie? Zeigen Sie, was in Ihnen steckt? Kann man Sie dort gebrauchen? Wenn Sie zurückgewiesen werden, dann suchen Sie sich eine andere Gemeinde, aber bleiben Sie um Gottes Willen nicht für sich!

Tretet hin zu ihm, dem lebendigen Stein, der zwar von den Menschen verworfen, vor Gott aber auserlesen und wertvoll ist. Lasst euch selbst als lebendige Steine aufbauen zu einem geistigen Haus, für ein heiliges Priestertum, um geistige, Gott wohlgefällige Opfer darzubringen durch Jesus Christus. (Erster Brief des Petrus 2,4–5)

BRÜCKEN ÜBER GRÄBEN BAUEN!

Machen Sie Schluss mit dem geistlosen Denkmuster »konservativ«/»progressiv«; helfen Sie jedem, der Christ sein möchte, es intensiver und leidenschaftlicher zu sein! Im Glauben gibt es ein inneres Geheimnis: Je tiefer man verstanden hat, desto tiefer steht man in der Pflicht – gegenüber Gott und gegenüber den anderen.

Den Schwachen im Glauben nehmt an ohne Streit der Meinungsverschiedenheiten. (Brief an die Römer 14,1)

NICHT VERZAGEN!

Lassen Sie den Kopf nicht hängen, wenn viele Menschen im Augenblick keinen Glauben haben. Gott führt keine Listen, benötigt keine Kirchensteuer-Einkünfte. Und die Kirche war schon öfter so am Ende, dass keiner mehr einen Pfifferling auf sie gegeben hat. Zwanzig Jahre später brach dann regelmäßig aus ihrer elendigsten und ärmsten Ecke ein Frühling hervor, mit dem keiner gerechnet hatte.

Fürchte dich nicht, du kleine Herde. Denn es hat eurem Vater gefallen, euch das Reich zu geben. (Evangelium nach Lukas 12,32)

NEHMEN SIE DAS BROT!

Essen Sie das Brot, wenn Sie den Glauben haben, dass Gott sich Ihnen darin schenkt. Essen Sie das Brot und lassen Sie sich einverleiben in den Leib Christi, die Kirche. Nähren Sie sich von den Kräften, die Ihnen aus Christi Auferstehung zufließen, die Ihnen Anschluss an das Leben geben, das nicht mehr aufhört. Seien Sie in Ihrem Leben wie dieses Brot – nahrhaft und gut!

Nehmet hin, das ist mein Leib. (Evangelium nach Markus 14,22)

Suchen Sie die Nähe anderer Christen – und halten Sie gemeinsam das Feuer am Brennen! Suchen Sie das Korrektiv des anderen und haben Sie den Mut, den anderen wieder auf die Spur zu bringen, wenn er »schwächelt«!

Seht zu, dass in keinem von euch ein böses, ungläubiges Herz sich finde, um abzufallen vom lebendigen Gott. Ermahnt einander alle Tage. (Brief an die Hebräer 3,12–13)

Hören Sie das Glockengeläute. Oft genug beachten Sie es gar nicht, oder es ist nur ein Hintergrundgeräusch für Sie, das zum Lärmpegel des Straßenverkehrs gehört und Ihnen nicht weiter auffällt. Hin und wieder geht Ihnen aber das Läuten der Kirchenglocken richtig auf die Nerven. Sie haben den Eindruck, dass Ihnen von dem Gebimmel die Ohren dröhnen. Wie wäre es, wenn Sie das gruppendynamische Axiom »Störungen haben Vorrang!« einmal so verstehen, als wollte Gott Sie an etwas erinnern, was Sie in Ihrem Leben verdrängen könnten. Horchen Sie einmal ganz bewusst hin, wenn die Glocken läuten, und lassen Sie die Töne und Schwingungen in Ihre Seele dringen. Verstehen Sie die Glocken als einen Erinnerungsgruß aus einer anderen Welt und vielleicht auch als Einladung zum Gebet.

✶

Bereiten Sie sich auf Ostern vor. Lassen Sie das Osterfest nicht einfach auf sich zukommen, sondern leben Sie gezielt darauf hin. Stimmen Sie sich auf das Fest ein. Nutzen Sie das Angebot von Veranstaltungen zu spiritueller

Vertiefung, die es in der vorösterlichen Zeit in verstärktem Ausmaß gibt.

✶

Lesen Sie eine Enzyklika. Führen Sie sich ein offizielles kirchliches Dokument zu Gemüte (Klicken Sie zum Beispiel auf www.vatican.va – dort ist eine Suchfunktion, in die Sie die Worte »Enzykliken mit Arbeitshilfe« eingeben). Studieren Sie wenigstens auszugsweise einige Passagen. Bemühen Sie sich zu verstehen, was gemeint ist. Lassen Sie sich von der ungewohnten und umständlichen Sprache nicht abschrecken. Sagen Sie nicht vorschnell, dass Ihnen offizielle Verlautbarungen kirchlicher Amtsträger ohnehin keine hilfreiche Antworten für Ihre wirklichen Lebensprobleme bieten können. Machen Sie die Probe. Geben Sie nicht auf, ehe Sie nicht wenigstens einen Gedanken gefunden haben, der Sie anspricht.

✶

Lassen Sie sich durch einen schön gestalteten Gottesdienst bereichern. Setzen Sie sich das Ziel, an einer eindrucksvollen Liturgiefeier teilzunehmen, bei der Ihnen das Herz aufgeht. Halten Sie nach einer Kirche Ausschau, in der keine »Null-Acht-Fünfzehn«-Gottesdienste gefeiert werden. Hören Sie sich ein wenig um. Lassen Sie sich von Jugendlichen Tipps geben.

✶

Besichtigen Sie eine Orgel. Nehmen Sie die Gelegenheit wahr, anlässlich der Orgelrenovierung in der Kirche Ihres Nachbarortes das Innenleben der »Königin der Instrumente« kennen zu lernen. Lassen Sie sich von einem kundigen Fachmann erklären, wie eine Orgel gebaut ist, wie die Mechanik funktioniert und wie die verschiedenen Register klingen. Sie werden das Gotteslob durch die Musik noch besser verstehen und lieben können.

✶

Machen Sie einen spirituellen Marathon. Reservieren Sie sich einen Sonntagvormittag, um drei verschiedene Gottesdienste hintereinander zu besuchen (vielleicht auch einen der anderen Konfession) und drei verschiedene Predigten zu hören. Je unterschiedlicher die Situationen sind, in denen die Gottesdienste stattfinden, umso besser. Erleben Sie Buntheit und Vielfalt und genießen Sie das sportliche Gefühl, hinterher ein wenig erschöpft zu sein. Und denken Sie an Benedikt von Nursia, der seinen Mönchen die Weisung mit auf den Weg gab: Dem Gottesdienst soll nichts vorgezogen werden.

✶

Rauchen Sie nicht am Aschermittwoch. Sie sind ein starker Raucher und haben es schon oftmals versucht, aber es ist zwecklos. Sie sind nicht einmal in der Fastenzeit im Stande, eine Zeit lang mit dem Rauchen aufzuhören. Macht nichts. Sie haben sich für eine andere Form eines Fastenopfers entschieden. Für Sie ist es demnach okay, wenn Sie an einem so strengen Fasttag wie dem Aschermittwoch einen Glimmstängel paffen. Und auch den lieben Gott stört es nicht, denn der kann ja ins Verborgene blicken und weiß über Ihre Einstellung Bescheid. Unterlassen Sie es aber dennoch, am Aschermittwoch in Gegenwart anderer zu rauchen – zumindest wenn es sich um Leute handelt, bei denen Sie merken, dass sie an Ihrem Verhalten Anstoß nehmen würden.

✶

Machen Sie Urlaub im Kloster. Machen Sie es wie die Manager. Lernen Sie ein Kloster von innen kennen. Lassen Sie sich von der Spiritualität der Mönche Impulse für Ihren Alltag geben. Machen Sie vom Angebot »Kloster auf Zeit« Gebrauch. Folgen Sie der Einladung, Ihre eigenen Erfahrungen mit der Kreativität einer Ordensgemeinschaft zu machen. Nehmen Sie andere mit. Informieren Sie sich, welche Unterkünfte für Männer, Frauen, Familien und Jugendgruppen zur Verfügung stehen und welche Möglichkeiten zu Gesprächen und geistlicher Begleitung es gibt.

✶

Feiern Sie die Karwoche. Nützen Sie die Tage vor Ostern nicht nur als schöne Ferienzeit. Gehen Sie zu den Gottesdiensten der Karwoche – das volle Programm! Lassen Sie sich davon ansprechen. Öffnen Sie Ihr Herz, damit die Auseinandersetzung mit dem Leiden und Sterben Jesu für Sie zu einer aufrüttelnden geistlichen Erfahrung werden kann.

✶

Singen Sie in einem Chor mit. Lassen Sie Ihre Stimme testen und Ihr musikalisches Talent überprüfen. Sie müssen nicht Notenlesen können. Melden Sie sich beim Chor Ihrer Gemeinde und kommen Sie regelmäßig zu den Proben. Entdecken Sie beim Mitsingen geistlicher Musik, wie sehr der Satz stimmt, dass Singen doppeltes Beten ist. Erleben Sie auch die Gemeinschaft des Singens. Freuen Sie sich auf die Auftritte, auf die geselligen Abende und die gemeinsamen Ausflüge.

13. Gehen Sie neu mit Leid und Tod um!

AN DER SEITE JESU

Halten Sie durch, wenn Ihr Weg sich in einen Kreuzweg wandelt! Verfallen Sie deshalb nicht in Klage und Bitterkeit. Gott nimmt Sie in eine besondere Schule und führt Sie enger an sich heran. Jesus selbst ging in die Leiden der Menschen, um sie bis zum Bodensatz auszukosten. Wer leidet, geht an der Seite Jesu – und hinter allen Kreuzen geht das Licht von Ostern auf.

Wundert euch nicht über die zu eurer Prüfung unter euch entstandene Feuersglut, als ob euch etwas Befremdliches widerfahre. Freut euch vielmehr, dass ihr dadurch an Christi Leiden Anteil habt, um auch bei der Offenbarung seiner Herrlichkeit euch freuen und frohlocken zu können. (Erster Brief des Petrus 4,12–13)

JENSEITS DER SCHRECKEN

Gehen Sie angstfrei an die Dinge heran, die auf Sie zukommen! Nicht blind, nicht vermessen, nicht tollkühn – aber angstfrei! Jede Angst, jeder Schrecken, ist letztlich Todesangst. Denken Sie daran, dass Gott den Tod überwunden hat – und dass er alle Tage bei uns ist bis ans Ende der Welt. Gott kommt uns aus dem Herzen der Gefahr entgegen. »Wir können fallen, aber wir fallen niemals tiefer als in die Hände Gottes« (Alban Herbach).

Euer Herz erschrecke nicht. Ihr glaubt an Gott, glaubt auch an mich! (Evangelium nach Johannes 14,1)

WENN ES RICHTIG WEHTUT

Lernen Sie aus dem, was Ihnen zustößt. Ob Sie es als eine »Strafe« begreifen oder als eine Art schmerzhaften, doch lebenserhaltenden chirurgischen Eingriff in Ihr Leben – sicher ist: Es hebt Sie auf eine neue Plattform; es verändert Ihre Perspektive. Oft hört man von Krebskranken, dass sie richtiggehend dankbar sind, dass sie aus dem eigentlichen Elend eines sinnlosen Lebensvollzuges in eine intensive Auseinandersetzung mit Gott und dem Sinn ihres Lebens gerissen wurden.

Wen der Herr lieb hat, den züchtigt er. Haltet aus unter der Züchtigung. Gott verfährt mit euch als seinen Söhnen. (Brief an die Hebräer 12,6–7)

DEIN WILLE – NICHT MEIN WILLE!

Schreien Sie Ihren Schmerz und Ihre Klage zu Gott hin, aber wenden Sie sich nicht von ihm ab! Sie kennen seine Wege und Pläne nicht. Der am intensivsten mit Gott verbunden war, Jesus Christus, vertraute ihm so, dass er, als er die Passion unausweichlich vor sich sah, betete: »Nicht mein Wille soll geschehen, sondern der deine.« Versuchen Sie in dieses Gebet hineinzugehen und in Gemeinschaft mit Jesus unendliches Vertrauen auf die Güte des Vaters zu entwickeln.

Demütigt euch also unter die starke Hand Gottes, dass er euch erhöhe zur rechten Zeit. (Erster Brief des Petrus 5,6)

LEIDEN ANNEHMEN

Nehmen Sie Leiden nicht deshalb positiv an, weil sie unvermeidlich sind, sondern, weil es Sie in eine tiefe Gemeinschaft mit dem leidenden Herrn und mit allen Leidenden auf der Erde bringt.

Trage als guter Soldat Christi Jesu an den Leiden mit. (Zweiter Brief an Timotheus 2,3)

ANDERS TRAUERN

Bereiten Sie sich vor, dass Sie beim Verlust eines lieben Menschen nicht in ein schwarzes Loch fallen. Denken Sie schon heute an den Augenblick, an dem es passieren könnte. Es ist gut, wenn Sie dann die Worte sprechen können: »Herr, Du hast uns geschaffen und zu dir kehren wir zurück. Den Menschen, den ich liebe, hast Du zu dir gerufen. Ich lege ihn dir voll Vertrauen in die Hände. Lass mich nun noch näher bei dir sein, mein Herr und Gott, in dem mein Leben, sein Leben und alles Leben zu Hause ist.«

Ihr sollt nicht trauern wie die übrigen, die keine Hoffnung haben. (Erster Brief an die Thessalonicher 4,13)

ARS MORIENDI

Machen Sie es wie die Menschen im Mittelalter: Studieren Sie die »ars moriendi« – die Kunst des Sterbens. Denken Sie an Menschen in Ihrer Familie, die gut gestorben sind. Die Kunst beginnt nicht in der letzten Stunde, sondern jetzt. Sie bestimmt den Rest Ihres Lebens – nicht als Bitterkeit über die zur Neige gehende Lebenszeit und die abnehmenden Kräfte, sondern als Vorbereitung eines Übergangs. Die kindliche Therese von Lisieux sagte voller Freude: »Ich will zu Gott. Und dazu muss man sterben!«

Nehmt als Beispiel der Geduld und Beharrlichkeit die Propheten, die im Namen des Herrn geredet haben. (Brief des Jakobus 5,10)

DAS ENDE, DAS EIN ANFANG IST

Schauen Sie der Stunde Ihres Todes ins Auge. Betrachten Sie diesen Moment nicht als Abend, sondern als Morgen, nicht als Ende, sondern als Anfang, nicht als die Stunde der endgültigen Niederlage, sondern als die Stunde Ihrer Geburt zu einem neuen Leben.

Fürchte dich nicht vor dem, was du zu leiden haben wirst. (Offenbarung 2,10)

WENN SIE STERBEN

Vertrauen Sie, wenn es so weit ist, auf Jesus. Legen Sie Ihre Hand auf das Kreuz, das Sie durch die Pforte des Todes hindurchführt. Angst ist ein Schutz vor unbekannter Gefahr, vor dem, was man nicht kennt. Jesus ist durch das Tal des Todes hindurchgegangen und hat sich anschließend als Lebender erwiesen. An seiner Seite können Sie getrost gehen. Er ist hier – und gleichzeitig dort, wohin wir gehen. Er ist der Erste und der Letzte.

Fürchte dich nicht. Ich bin der Erste und der Letzte. (Offenbarung 1,17)

DANKE SAGEN

Werden Sie zu einem Meister der Dankbarkeit! Und lernen Sie nach und nach, für alles in Ihrem Leben dankbar zu sein – für Leib und Leben, für diesen Tag, die Menschen, die mich mögen, das schöne Wetter, die Arbeitsstelle, die Kinder (oder die Eltern). Nehmen Sie alles als ein Geschenk Gottes! Und wenn Sie fortgeschritten sind in der Kunst der Dankbarkeit, werden Sie vielleicht auch für manche Schmerzen danken, die Sie mit der Nase darauf gestoßen haben, dass Sie auf dem falschen Weg waren.

Seid auch dankbar. (Brief an die Kolosser 3,15)

Trauern Sie nicht um eine kaputte Vase. Schlimm genug, wenn etwas kaputt geht. Doppelt schlimm, wenn es etwas Kostbares war, das viel Geld gekostet hat oder Ihnen als Erinnerungsstück lieb und teuer war. Machen Sie jedoch keine Tragödie in fünf Akten daraus. Sparen Sie sich Ihre Trauerenergie, um über einen Menschen zu trauern. Halten Sie es mit der preußischen Gräfin, die in solchen Fällen immer sagte: »Ein irdisch Ding, für Trauer zu gering.«

✶

Halten Sie einen Menschen. Geben Sie einem Menschen nicht nur durch Ihren Zuspruch und Ihren verständnisvollen Rat Halt und Stütze. Drücken Sie es auch körperlich aus, indem Sie ihn anfassen und richtiggehend halten. Erspüren Sie aber genau, ob wirklich der richtige Moment hierfür gekommen ist. Achten Sie darauf, dass Ihre Geste der körperlichen Zuwendung frei von jeder Zweideutigkeit ist und vom anderen auch so empfunden wird, wie Sie sie meinen. Seien Sie besonders behutsam bei Kindern. Wenn es nicht Ihre eigenen Kinder sind oder Kinder, mit denen Sie verwandt oder durch lange Bekanntschaft vertraut sind, unterlassen Sie es lieber.

✶

Machen Sie einem Niedergeschlagenen Mut. Kümmern Sie sich um die Not eines »Losers«. Es gibt so viele davon: jemand, der verlassen wurde, der seinen Job verloren hat, der Pleite ging, der sich in der Midlife-Krise oder den Wechseljahren befindet. Lassen Sie ihn nicht in dem schwarzen Loch sitzen, in das er gefallen ist. Reden Sie mit ihm. Stellen Sie sich auf ihn ein und erspüren Sie, in welchem Ton Sie mit ihm reden müssen. Quälen Sie ihn aber keinesfalls durch künstliche Versuche, ihn aufzuheitern. Wenn Sie Kontakt halten, haben Sie das Wichtigste schon getan.

✶

Gehen Sie noch einmal ins Krankenhaus. Alle Bekannten, die den Unfall mitbekamen, sind bereits in den ersten Tagen zu Besuch gekommen. Am Anfang waren es so viele, dass das Unfallopfer mit keinem so richtig reden konnte. Manche sind sogar zweimal gekommen. Aber nach drei Wochen war Schluss. Da war das Thema abgehakt. Aber der Mensch liegt nach einem halben Jahr noch immer auf der Station. Nun kommt vielleicht nur noch ein enger Verwandter. Seien Sie der Zweite. Besuchen Sie den Kranken regelmäßig. Wechseln Sie sich mit dem Verwandten ab. Machen Sie sich nichts daraus, wenn Sie ihn bisher gar nicht näher kannten. Das wird sich schnell ändern. Gehen Sie hin. Der Kranke braucht Sie. Zweimal die Woche, nur eine Viertelstunde, von 18.30 Uhr bis 18.45 Uhr, das lässt sich machen. Machen Sie es.

✶

Betrachten Sie welke Blätter. Machen Sie einen Spaziergang im Herbst. Nehmen Sie die bunt verfärbten Blätter wahr, die von den Bäumen herabgefallen sind und auf der Erde liegen. Sehen Sie aufmerksam hin und entdecken Sie, wie jedes Blatt sein Eigenleben führt und doch dem andern zum Verwechseln ähnlich sieht und das gleiche Schicksal hat wie alle anderen Blätter. Nehmen Sie es bewusst auch als Sinnbild für Vergänglichkeit. Sie vergehen – und bleiben doch, weil Sie in das Gedächtnis eines liebenden Gottes eingegraben sind.

✶

Beachten Sie, wie die Tage länger werden. Nehmen Sie bewusst wahr, wie sich das Jahr neigt. Die Dunkelheit auf der Welt, in der Sie leben, nimmt von Tag zu Tag zu, und Sie können nichts dagegen tun. Wenn Sie nicht wüssten, dass es irgendwann anders wird, wäre es schier zum Verzweifeln. Aber die Erfahrung lehrt uns, dass wir nicht einer ewigen Finsternis entgegengehen. Die Wintersonnenwende wird den Trend umkehren. Seien Sie dankbar, dass Ihnen sogar die Natur einen Fingerzeig gibt, dass ohne Umkehr nichts weitergeht.

✶

Tragen Sie Ihr Kreuz. Versuchen Sie zu akzeptieren, was Sie theoretisch ohnehin wissen: dass das Leid und der Schmerz nun einmal zum Leben dazu gehören. Es nützt nichts, wenn Sie sich dagegen auflehnen, es ist trotzdem so: Leidvolle Erfahrungen bleiben keinem erspart. Im Christentum sprechen wir in Erinnerung an das Schicksal, das Jesus von Nazareth zu erleiden hatte, vom »Kreuztragen«. Niemand ist davor bewahrt, täglich sein Kreuz zu tragen, und sei er noch so untadelig. Selbst Maria, der großen Auserwählten unter den Menschen, blieben Schmerzerfahrungen nicht erspart. Freilich ist es nicht im Sinne der befreienden Botschaft Jesu, dass Sie sich mutwillig zusätzliche Kreuze suchen. Missverstehen Sie das Christentum nicht als einen Masochisten-Club. Es genügt vollauf, wenn Sie sich bemühen, jenes Kreuz, das Ihnen auferlegt ist, so gut es geht zu ertragen.

✶

Seien Sie offen für Menschen, die trauern. Geben Sie jemandem, der gerade einen schweren Verlust erlitten hat, ein Signal: »Ich habe Zeit für dich, und du kannst bei mir abladen.« Geben Sie ihm auf einem kleinen Zettel Ihre Telefonnummer, aber drängen Sie Ihre Hilfsbereitschaft nicht auf, sondern überlassen Sie es ihm, ob und wie er auf Ihr Angebot eingeht.

*

Bieten Sie Beistand statt Beileid. Seien Sie nicht nur tief erschüttert, wenn Sie vom schmerzlichen Verlust erfahren, den eine Ihnen nahe stehende Person erlebt hat, sondern werden Sie aktiv. Erklären Sie sich bereit, Hilfe zu leisten. Übernehmen Sie organisatorische Aufgaben – es sind so viele Dinge zu regeln, so viele Gänge zu machen. Reden Sie, wenn ein Gespräch erwünscht ist. Respektieren Sie aber auch, wenn einem trauernden Menschen gerade nicht nach Reden zu Mute ist. Seien Sie einfach da und lassen Sie ihn in seiner Trauer nicht allein.

*

Lassen Sie sich von anderen trösten. Wenn Sie selber vom Schmerz betroffen sind, den Tod eines lieben Menschen beklagen zu müssen, trauern Sie nicht still vor sich hin. Bemühen Sie sich, einen Ausweg aus Ihrer Trauer zu finden. Warten Sie nicht darauf, bis jemand kommt und Sie tröstet. Suchen Sie selber jemanden, der Ihnen Trost spenden kann. Gehen Sie aktiv auf Ihre gute Freundin oder Ihren guten Freund zu und bemühen Sie sich, mit ihr oder ihm Ihre Trauer zu teilen: »Ich brauche dich jetzt!«

*

Gehen Sie auf den Friedhof. Gehen Sie auch außerhalb der üblichen Zeiten, an denen die Gräber besonders geschmückt sind und Kerzen entzündet werden, auf den Friedhof. Denken Sie an die Toten, deren sterbliche Überreste hier ihre letzte Ruhestätte gefunden haben. Nehmen

Sie sich Zeit, um in Gott mit all den Menschen verbunden zu sein, die Ihnen vorausgegangen sind. Beten Sie für die, die in Zukunft in diese Erde gebettet werden.

*

Wischen Sie Tränen ab. Im Gespräch sind Sie plötzlich auf Dinge zu sprechen gekommen, die Ihren Gesprächspartner oder Ihre Gesprächspartnerin im Innersten aufgewühlt und zu Tränen gerührt haben. Es ist plötzlich eine Situation großer Intimität zwischen Ihnen beiden entstanden, und das Verständnis, das Sie gezeigt haben, ist heilsam für den anderen Menschen. Sie können durch solidarische Nähe Tränen im Geist abwischen. Aber vielleicht erfordert es die Situation, dass Sie nicht nur symbolisch Tränen trocknen – dann nehmen Sie ein Taschentuch und trocknen Sie die nass gewordene Wange.

*

Glauben Sie. Es wird alles gut! Lassen Sie sich nicht anstecken von den Nihilisten, den Pessimisten, den Fatalisten. Als Christ wissen Sie, dass Jesus Christus gestorben ist, dann aber von den Toten auferstanden und von Millionen von Gläubigen als der Lebendige erfahren wurde. Glauben Sie denen nicht, die Ihnen weismachen wollen, dass Ihre verstorbenen Eltern, Kinder, Freunde und Angehörige zwei Meter unter der Erde vermodern. Glauben Sie lieber der Liebe Gottes, in der niemand verloren gehen kann. Gehen Sie aufrecht durch die Welt – und freuen Sie sich ein bisschen auf Ihre zukünftige Heimat und das endlose Fest des Wiedersehens.

Register